中國學術思想 研究輯刊

二三編

林慶彰 主編

第24冊

從煩惱到解脫——
《唯識三十頌》心所與意義治療學的對話

簡汝恩 著

花木蘭文化出版社

國家圖書館出版品預行編目資料

從煩惱到解脫——《唯識三十頌》心所與意義治療學的對話／
簡汝恩 著 — 初版 — 新北市：花木蘭文化出版社，2016〔民
105〕
目 4+162 面；19×26 公分
（中國學術思想研究輯刊 二三編；第 24 冊）
ISBN 978-986-404-575-4（精裝）
1. 瑜伽部 2. 研究考訂
030.8   105002158

ISBN-978-986-404-575-4

9 789864 045754

中國學術思想研究輯刊
二三編　第二四冊   ISBN：978-986-404-575-4

從煩惱到解脫——
《唯識三十頌》心所與意義治療學的對話

作　　者　簡汝恩
主　　編　林慶彰
總 編 輯　杜潔祥
副總編輯　楊嘉樂
編　　輯　許郁翎
出　　版　花木蘭文化出版社
社　　長　高小娟
聯絡地址　235 新北市中和區中安街七二號十三樓
　　　　　電話：02-2923-1455／傳眞：02-2923-1452
網　　址　http://www.huamulan.tw 信箱 hml810518@gmail.com
印　　刷　普羅文化出版廣告事業
封面設計　劉開工作室
初　　版　2016 年 3 月
全書字數　151465 字
定　　價　二三編 24 冊（精裝）新台幣 46,000 元

從煩惱到解脫——
《唯識三十頌》心所與意義治療學的對話

簡汝恩　著

作者簡介

簡汝恩，大學就讀國立中興大學中國文學系，後畢業於國立臺灣師範大學國文所碩士班。研究興趣為「中國佛教」及「跨文化研究」。

提　要

　　本論文的主要研究材料有二：《唯識三十頌》的「心、心所思想」以及弗蘭克創立的「意義治療學」。藉由以上兩者的對話，推求其可用於世的治療概念。先由他們背後的價值觀著手，分別從《唯識三十頌》的「勝解」，和意義治療學的「靈性潛意識」，梳理兩者對於「認識方式」、「終極關懷」、「意識作用」（在唯識學中說「心識作用」）等重點觀念的主張。

　　從這些主張中，可求取兩者的同、異之處，以關照兩種學說各自的特色為前提，接著進行「意義治療學」針對「精神官能症」的治療，以及《唯識三十頌》中「心所對治」的比較。從治療方式來看，「意義治療學」將胡塞爾對意識的描述當作基礎，主張可以「矛盾意向」替代對恐懼、焦慮的意向，轉移潛意識對認識結果的反應，來治癒障礙生活的「精神官能症」；而唯識學則立基於「真實理解」之上，透過「證自證分」與「自證分」的互緣互證，轉變「見分」緣取「相分」的認識結果，來對治煩惱心所的生起。

　　最後，將治療方法綰合各自的終極關懷，進一步比較兩種治療方式的終極目標。「意義治療學」的最終目標，在於呼喚被拋擲於「本能潛意識」中的人們，開啟本真的「靈性潛意識」，以之自主地發揮「意義意志」尋求「超越性意義」的功用，使人生成為一個完整的任務；而《唯識三十頌》則透過「心所對治」，發揮由「三性」過渡到「三無性」的理解，以之處世修行，不僅伏斷煩惱，更進一步使有情依照「唯識五位」，一步步邁向解脫。

　　經由《唯識三十頌》和「意義治療學」的對話，可以看見，兩者雖然在「存在」和「世界觀」上有很大的差異，但細查他們的治療理論，卻可發現相似之處，第一，兩者都對心的向內緣取作用（意義治療學說「向內的意向性作用」）抱持肯定的態度。第二，兩者皆鼓勵人跳脫二元對立的認識模式，反對以對象性認知去認識世界，而應身處世界中與之相互開放，在生活中找到自我提升的可能性。

目次

第一章　緒　論

一、研究背景

　　心識的樣貌與作用，在佛教思想中一直有不少的討論。原始佛教只以「色、受、想、行、識」來解釋所有事物，包括我的存在。其中除「色法」外，關於人的精神、心理、認知等則集中在「受、想、行、識」來說明。阿含經典中花了許多篇幅來解釋何謂「受、想、行、識」，可以看見初期佛教，因著解脫滅苦的角度，十分重視認知主體，而隨著佛滅度、部派佛教的興起、初期大乘的成立，對於心識的討論亦隨著不同學派對經典的解釋持續。〔註1〕而大乘的唯識學派，主張「識所緣，唯識所現故。」〔註2〕在前人討論的基礎之下，完善了八識結構來解釋有情相續，亦解釋認識主體如何與外境客體產生聯繫。唯識學派的發展，至無著和世親集大成，而世親菩薩的《唯識三十頌》，算是他晚年的成熟之作，不但表現其學思的總和，也真切的體現出唯識學如何建構認識外境、感受煩惱、確立勝解，以至從八識結構的理解，鋪排解脫之路和了悟真如的步驟。這部著作中，重點地標出「異熟」、「思量」、「了別境識」這三者的特性和以及功能，並細列五十一種心所並將其分類。世親造頌後，未及撰寫長行即逝，世親之後，為此頌作釋者前後有十大論師〔註3〕，

〔註1〕蔡伯郎：〈佛教心心所與現代心理學〉中提到，部派佛教中，對於心識的爭辯，大約可分爲1.認識主體是一的一心說，以及認識主體是多的多心說。2.多識說中，多識是否能同時具起抑或分別現起。3.心王與心所是一，離心別無心所，抑或有個別心所的存在。《中華佛學學報》第19輯（臺北：中華佛學研究所，2006年），頁325～349。

〔註2〕《解深密經》卷3〈分別瑜伽品〉（《大正新脩大藏經》以下簡稱T16, no. 676, p. 698, b2）。

〔註3〕李潤生：《唯識三十頌導讀》（新北市：全佛文化，2011年11月修訂一版），頁87。列十大論師爲：親勝、火辨、難陀、德慧、安慧、淨月、護法、勝友、

各有所主張及創造。玄奘揉合十家爲一部《成唯識論》，以護法本爲基礎，將眾家解釋《三十頌》的內容譯成漢文。

在五十一心所的安立上，《三十頌》將其分爲徧行、別境、善、煩惱、隨煩惱、不定六類。其中徧行心所爲認識外境的五個過程，與前六識相應，是其他心所產生的重要媒介；別境心所則針對不同境的緣取而有，由於了境能變「善、不善、俱非」〔註4〕的德性，別境心所是否能有增上作用，要看是否與善相應，才能決定對個體的影響是好是壞。接下來的善、煩惱、隨煩惱、不定心所，則較能直接看出其對人思維、行動的正負影響力，這些分析與西方心理學所關注的焦點，具有某些相同性，因此一些學者，便將佛教中的煩惱，或是對治煩惱的方法、煩惱的由來，與心理學中對心的認知，或是心理治療作比對。〔註5〕

其中精神分析學派對潛意識的解說，與唯識學的八識結構的對比研究〔註6〕，便是研究焦點之一。然而，對此類比較，亦有詬病之聲，如劉宇光就曾強調「三受」所重視的是「身心問題」而非「心理問題」，又藉論證「隨煩惱心所」與「善心所」和「五受」相應的情況說明：「煩惱心所並非由好惡之情緒經驗而提出的心理範疇。」〔註7〕心理學分析病者的心理、精神狀

勝子、智月。

〔註4〕《唯識三十論頌》卷1（T31, no. 1586, p. 60, b19）。

〔註5〕略舉如下，在專書部分有：Aronson, Harvey B, Buddhist practice on Western ground：reconciling Eastern ideals and Western psychology（Boston: Shambhala, 2004）；Rubin, Jeffrey B., Psychotherapy and Buddhism: toward an integration（New York: Plenum Press, c1996）等，主要還是以對照的模式觀看東西方對於負面情緒、煩惱的看法及處理方式，特別在禪修、以及四諦的義理上著墨。期刊論文部分有：Paul Ekman, Richard J. Davidson, Matthieu Ricard, B. Alan Wallace, "Buddhist and Psychological Perspectives on Emotion and Well-Being. from Current Directions in Psychological Science, "American Psychological Society, 14（2005, April）, pp.59～63. 討論佛教及心理學對情緒與幸福的看法。

〔註6〕例如王信宜：《榮格心理學與佛教相應觀念之研究》（國立中山大學中國文學系碩士畢業論文，2002年）便將榮格的「集體潛意識」、「原型」、「個性化過程」、「神秘合體」與佛教中「阿賴耶識」、「種子義」、「涅槃解脫」、「藏密雙修」等概念並列討論；白聰勇：《唯識學與心理學有關潛意識分析之比較》（玄奘大學宗教學研究所碩士論文，2008年）則針對「潛意識」及「阿賴耶識」的「發現途徑」、「運作模式」、「論證關係」等重點分析其異同。

〔註7〕劉宇光：〈佛教唯識宗「煩惱」的基本性質——心理學概念與倫理學概念之辨〉，《復旦哲學評論》第4輯（上海：上海人民出版社2008年），頁164～203。

態，企圖透過這些結果來協助患病者，掙脫身心的不協調，或說擺脫不快樂的狀態，重新回返到快樂的情緒中。但唯識學派有系統的建立八識結構，及心所理論並不是只爲了個人的快樂而已，而是透過這樣的解析，使人更加了解煩惱遮障的虛妄，明白個體對於這個世界的我執之不眞實，而能生起脫離煩惱的決心。故而心理學亦或心理治療，針對疾病的症狀來作醫療，使病人回復到健康或說可以回到社會生活的狀態，然而佛教卻提供一個終極關懷，使得人的各種疾病及負面心理作用，能藉由實踐這個終極意義，獲得緩解或是消除。在西方心理學不斷地發展下，許多心理學家也藉由自身的經驗或臨床的觀察，注意到了密不可分的身心關係在心理治療上的意義，並且也開始懷疑佛洛伊德對於潛意識的分析是否正確，如意義治療學便是一例。

意義治療學由弗蘭克（Viktor Frankel，1905～1997）創始，弗蘭克在佛洛伊德（Sigmund Freud，1856～1939）的「快樂意志」以及阿德勒（Alfred Adler，1870～1937）的「權力意志」之外，獨標「意義意志」，爲一個「追求意義的自由意志，追求意義在世界當中的完成，最後並指向宗教的超越層面的終極意義。」〔註 8〕他認爲主導人作爲或思考的驅力並非追求快樂的「性驅力」，亦不是責任需求的「權力驅力」，而是由「生存意義」也就是「生命的終極目標」來決定的，換句話說一個人的健全，必須透過「追尋自我意義」來完成，這樣的「意義意志」引發人追求生活意義，並體會生命中的苦難與快樂，如同與心王相應俱起的心所，使個體能感受到如實的煩惱與勝解，而體會到解脫的重要性，十分相似。

弗蘭克認爲人的潛意識可分爲佛洛伊德所見「由本能驅使的潛意識」（unconscious instinctuality），和「靈性的潛意識」（unconscious spirituality），這兩者最大的分別是：本能潛意識所產生的驅使力，使人不得不去做或完成當下必須完成的事；但由靈性所產生的驅使力，則牽涉到人們的價值抉擇，例如「選擇遵守某些道德規範」、「選擇信仰某種宗教」一定和「口渴而去喝水」、「肚子餓了所以要吃飯」的牽涉的內在抉擇機制不同。這兩種內在動力，一個是「驅使」（pull）人去做某事，也就是「本能潛意識」的功能；一個是使人「趨向」（push）〔註 9〕某事，也就是「靈性潛意識」的功能。但就如同

〔註 8〕賴賢宗：〈空性智慧、佛教意義治療學與佛教詮釋學的治療學〉，《普門學報》
　　　　第 13 期（高雄：普門學報社出版，2003 年 1 月），頁 105～134。

〔註 9〕Viktor Frankl 著，趙可式、沈錦惠合譯：《活出意義來──從集中營說到存在主

意識和潛意識的界線無法清楚被切分一樣，本能與靈性也無法完全被分開，故靈性的存在有時會被個體所覺知有時不會，且分析個人行為時也不能直接判斷這個行為被本能抑或靈性所驅使。

意義治療學認為，一個整全的人是由身體、精神、靈性三方面和諧組成的結果。這三者雖各有管轄，但沒有絕對界線，彼此間相互影響，又相互融攝。〔註10〕而靈性作為潛意識時，本身並不具有自我觀察的能力（self-observation），如同眼不自見、耳不自聞一樣。是以我們並不能直接察覺靈性的存在，但靈性存於個體內，並影響著個體的思考及決定。故意義治療的重點是鼓勵人內省自己的生命旅程或經驗，從這些過往所建立的心理中，找尋生命中必須完成的課題。〔註11〕而施行意義治療的醫師，必須放下價值判斷，去引導病人，在毫無偏見的狀態下，透過尋求生存的意義，使身體、精神、靈性三方各能獲得滿足，進而能在和諧的身心狀態中持續生活。

透過弗蘭克提出的「靈性」層次，以及「健康」的定義可以看見，他不僅將身心關係的重要性當作心理治療的重點，還注意到潛意識中除本能之外，尚有一使命或天性的呼喚，能使「人」有異於動物，並提升為具有思考且能判斷的生物，依此前提來要求病人從自我的認識中，尋找何謂意義，並以此意義作為治療的重點，使患者能視疾病或不適的心理狀況，為達成意義的過程。這與唯識學派不把當下的病痛或不適當作解決的重點，而是將這些生命中的障礙，與終極關懷（the Ultimate Concern）融通在一起，以「解脫」作為取向的心理分析，有其相似之處。

《唯識三十頌》說：「此諸法勝義，亦即是真如，常如其性故，即唯識實性。」〔註12〕若把唯識的心所理論當作以「解脫」為生命意義的心理分析，

義》（臺北市：光啟出版社，1983 年初版，1989 年五版），頁 113。的第二部分〈意義治療法的基本概念〉中說到：「精神動力學派對於『價值』的研究是正統的，但問題在於是否適用於所有人？我們必須記住，任何排他性的精神動力學派之研究，原則上只是顯示人的內在驅策力量為何。而『價值觀』並非人的內驅力，它不能『推動』人（push），反而『拉扯』人（pull）二者是不同的。」

〔註10〕 Viktor Frankl 於 "Wholeness in this context means the integration of somatic, psychic, and spiritual aspects," Man's search for ultimate meaning（New York: Perseus Book publishing, 2000），p34～35 中用兩種圖形的結合顯現身體、精神、靈性三者間的依存和相互影響的關係。

〔註11〕 Viktor Frankl 著，游恆山譯：《生存的理由──與心靈對話的意義治療學》（臺北市：遠流出版社，1991 年），頁 4～5。

〔註12〕 《唯識三十論頌》卷 1（T31, no. 1586, p. 61, a26～27）。

而煩惱心所、隨煩惱心所則成為向內尋求何謂意義時的副作用，則生命中的苦受、心識對外境的反應，便是整全尋求的各種條件。將「解脫」或說「證得真如」當作一種終極關懷，並以此角度來說明種種心所之於解脫的影響，使得正在經驗煩惱的主體可以理解煩惱的根據與虛妄，並了解自我覺知的重要性，而終能朝向自己所選擇的「解脫」目的前進。

二、研究動機

《唯識三十頌》說到三能變及其作用，和轉識成智然後理解真如，其中在「了境能變」的部分，《三十頌》羅列五十一心所的生起和特性，並以解脫為指向，說明各各對治的方針，欲使有情從知見轉變，而生起願解脫之心，乃至懂得遵循解脫的道途。從一念之轉，使有情從迷悟中豁然開朗，「勝解」心所具有關鍵性的地位。

《唯識三十頌》將「勝解」分在別境心所，《成唯識論》說「勝解」與「決定境」相應，當正確的義理出現，勝解即印定為真，令個體深信不疑，無所猶豫，所以能使個體不被外道引誘改變心志。然而若決定境出現時，心識混淆不定，不能確定其是否真理，那麼勝解就不會產生。〔註13〕由此可見，「勝解」的產生必定建立在某一種前見（Vorsicht）〔註14〕之上，當個體心中具有一定的價值觀，則決定境出現時，心識才能依其前見，判斷當下處境的正確與否，進而生起「勝解」。

若依照《三十頌》的說法：「由假說我法，有種種相轉，彼依識所變。」有我法是從識所變現出來，而不是真實存在的，我們感受世界的原理亦同。「識」是「了別」之意，〔註15〕也就是說假我、假法，是由八識包含五十一

〔註13〕《成唯識論》卷5：「云何勝解？於決定境，印持為性，不可引轉為業。謂邪、正等教、理證力，於所取境，審決印持。由此異緣，不能引轉，故猶豫境，勝解全無，非審決心，亦無勝解。由斯勝解，非遍行攝，有說心等，取自境時，無拘礙故，皆有勝解，彼說非理，所以者何，能不礙者，即諸法故，所不礙者，即心等故，勝發起者，根作意故。若由此故，彼勝發起，此應復待，餘便有無窮失。」（T31, no. 1585, p. 28, b10～18）。

〔註14〕「前見」的概念是由嘉達美（Hans-Georg Gadamer，1900～2002）吸收了海德格（Martin Heidegger，1889～1976）的「此在」（Dasein）思想而提出，參見Hans-Georg Gadamer 著，洪漢鼎譯：《真理與方法》第一卷（臺北市：時報文化出版社，1993 年），頁 352～358。

〔註15〕李潤生：《唯識三十頌導讀》（新北市：全佛文化，2011 年 11 月修訂一版），頁 140。

心所了別現前之境，才有認識作用包含被認識的物體存在，又心王及心所都會隨時變動，而經由心王、心所認識的種種存在，自然也是不斷變動。在這樣不斷變動的認識中，個體應難以產生價值觀，或說價值觀本身也是不斷變動的一環，然而，若價值不斷變動，「勝解」該如何憑恃有情的「前見」生起，憑恃何種「前見」生起，並相續不斷，則成為須釐清的議題。

　　相似的，意義治療學的學說建立，亦有前見的問題。弗蘭克不但要求意義治療的醫師不可影響病人意義意志的決定，〔註 16〕或病人必須無偏見的尋找人生意義〔註 17〕。但在描述靈性潛意識時，又表現出靈性有使人為善──表現良知、責任感的傾向。在此二命題的矛盾中可以看見，弗蘭克雖欲將價值影響排除在意義治療學之外，但卻將靈性描述成良知和責任感的源頭，明顯帶有善的傾向，〔註 18〕此人天生具有向善的靈性內在，便成為了意義治療學沒有言明的前見。在此前見之下，意義治療學才能夠解釋病人所探求出的「意義」不只存在於個人生命的整全，而能夠與社會價值相應，也就是說，人的「意義」不會是一個以傷害他人為樂的探求結果。但意義治療學如何統合獨立於內在的「靈性潛意識」，與外在社會之善的價值觀兩者，使其心理架構能夠呈現有邏輯的安排，即成為「靈性」之獨立地位，以及「意義」為社會所接受，能夠合理鋪敘、融合的重點。

　　雖然目前將意義治療學和唯識心所，抑或佛教概念的比較研究不多，但兩者間確實有相似性可供對話。如同弗蘭克在日本、印度旅行並介紹意義治療時，聽眾所告知的：意義治療其實和某些古老的智慧如吠陀、禪或是老子相互呼應〔註 19〕。唯識學及意義治療學，都試圖以自己所建立的架構，來幫

〔註 16〕Viktor Frankl. Psychotherapy and existentialism（New York: Washington Square Press, 1985），p.28.

〔註 17〕同上註，頁 31。

〔註 18〕賴賢宗曾撰文介紹弗蘭克的意義治療學，並嘗試以其觀點，參考佛教的心性論與禪修，建立屬於佛教的意義治療學。其中提到，弗蘭克的意義治療有三個基本原理，分別是自由意志、追求意義的意志、生活意義，並且說到：「這裡的『意義』一詞是指人間的生命歷程當中，種種真善美聖的精神價值取向與內涵。參見：賴賢宗：〈空性智慧、佛教意義治療學與佛教詮釋學的治療學〉，《普門學報》第 13 期（高雄：普門學報社出版，2003 年 1 月），頁 105～134。

〔註 19〕Joseph B. Fabry," Logotherapy and Eastern Religion," Journal of Religion and Health,14（New York, Human Sciences Press），pp.271～276.在序言的地方說到：「On my tour in Asia, in India, and Japan, I was told that what I was saying were old truth one might find in the ancient Vedas, in Zen, or in the writing of Lao

助身於煩惱中的人們，可以藉由「將人生當作某種任務的達成」這一原理，來證成解脫的道途，或說以健康的心態持續生活。本文擬由：1.意義治療學如何從「靈性潛意識」建立其「追求意義」的理論，以及 2.《唯識三十頌》如何由心所分析使人邁向解脫，兩個進路，來比較二者間的異同，並尋求彼此間可相輔之處。

三、研究材料及範圍界定

　　本論文的研究主要包含兩大主題：《唯識三十頌》的心所思想，及「意義治療學」，因此選取的材料分為兩部分：《唯識三十頌》及弗蘭克的著作。以下先就兩部分分別說明，再討論唯識學和心理學的對比研究，及意義治療學和佛學及東方思想的交會。

（一）《唯識三十頌》及其相關研究

　　《唯識三十頌》是世親菩薩晚年的著作，本以梵文寫作，後經由玄奘漢譯，並以護法論師的註解為主，另外雜揉數家注解，集為《成唯識論》。相較於《成唯識論》，《唯識三十頌》亦有藏譯，只是藏譯的版本是以安慧論師的註解為主，為《唯識三十論釋》。而原來的梵文原本則佚失了，直至西元 1922年〔註20〕法人萊維（Sylvain Lévi）在尼泊爾發現安慧注的梵文本，並校勘出版。

　　有關《唯識三十頌》的解讀，漢語學界因語言之便多以《成唯識論》為主，直到近代才有學者慢慢開始關注藏譯的安慧注。Lévi 發現了梵文本之後，學界多以為安慧注的《唯識三十頌》比較接近世親的原意，因此也漸漸重視起梵文版的《三十頌》故研究《唯識三十頌》所使用的版本大致上為以下三種：

1. 唐‧玄奘譯的：《成唯識論》
2. 翻譯成藏文的安慧注：《唯識三十論釋》
3. 法人萊維（Sylvain Lévi）校訂的安慧注梵文本

這三種版本分別是護法及安慧兩大家的注，可以見得，當代對《三十頌》

　　Tzu.」當我到亞洲，在印度、日本時，有人告訴我，我所說的這些內容在他們的古老經典如：「吠陀經典」、「禪學」或是《老子》中，都曾有類似的說法。
〔註20〕這裡的紀年是根據呂澂的〈安慧三十唯識釋略抄〉中所說。（收於張曼濤主編《現代佛教學術叢刊》第 29 冊，臺北市：大乘文化，1978 年 11 月，頁 291〜313）。

的研究多集中關注這兩家的注解，因此以下就兩者的版本做一番整理：

唐時針對玄奘所翻譯的成唯識論就有許多家的注解，包括：

1. 唐・窺基《成唯識論述記》
2. 唐・窺基《成唯識論掌中樞要》
3. 唐・慧沼《成唯識了義燈》
4. 唐・智周《成唯識論演秘》
5. 唐・靈泰《成唯識論疏抄》
6. 唐・道邑《成唯識論義蘊》
7. 唐・如理《成唯識論義演》

今人亦有以白話翻譯並注解者，如下：

1. 韓廷傑《成唯識論》〔註21〕
2. 慈航《成唯識論講話》〔註22〕
3. 釋演培《成唯識論講記》〔註23〕

除了中文流傳，《成唯識論》亦有外文翻譯，由於西方學界多以梵本為主要的研究對象，因此翻譯《成唯識論》者與安慧注相比，少了許多，筆者所能取得者有下：

1. 渡邊隆生《唯識三十頌の解讀研究》〔註24〕
2. 宇井伯壽《安慧護法唯識三十頌釋論》〔註25〕
3. Wei Tat, *Ch'eng Wei-Shih Lun*〔註26〕
4. Francis H. Cook: *Three texts on consciousness only*〔註27〕

安慧的注解共有梵文本和藏文本兩者，目前的外文翻譯多根據梵文本，筆者能得到的版本有下：

1. 寺本婉雅《梵藏漢和四譯對照唯識三十論疏》〔註28〕

〔註21〕韓廷傑：《成唯識論》（高雄：佛光文化事業，1997 年）。
〔註22〕慈航：《成唯識論講話》，收於《慈航法師全集》（新北市：彌勒內院，1996 年）。
〔註23〕釋演培：《成唯識論講記》（新加坡：靈峰般若講堂，1978 年）。
〔註24〕渡邊隆生：《唯識三十頌の解讀研究》（京都：永田文昌堂，1995 年）。
〔註25〕宇井伯壽：《安慧護法唯識三十頌釋論》（東京：岩波書店，1990 年）。
〔註26〕Wei Tat, *Ch'eng Wei-Shih Lun*（Hong Kong: The Ch'eng Wei-Shih Lun Publication Committee, 1973）.
〔註27〕Francis H. Cook, *Three texts on consciousness only*（Calif Berkeley: Numata Center for Buddhist Translation and Research, 1999）.

2. 上田義文《梵文唯識三十頌の解明》〔註 29〕

3. 荒木典俊譯《唯識三十論釋》〔註 30〕

4. 宇井伯壽《安慧護法唯識三十頌釋論》〔註 31〕

5. Stefan Anacker *Seven Works of Vasubandhu*〔註 32〕

6. Thomas A. Kochumuttom: *A Buddhist Doctrine of Experience*〔註 33〕

7. Mind Only: *A Philosophical and Doctrinal Analysis of the Vijñānavāda*〔註 34〕

8. David J. Kalupahana: *The Principle of Buddhist Psychology*〔註 35〕

　　當代的唯識學研究眾多，其中綜論唯識學的核心概念、重要名相者有助於筆者理解《唯識三十頌》中有關「八識結構」、「轉識成智」、「三性、三無性」、「修行位階」等重要概念。如于凌波〔註 36〕、韓廷傑〔註 37〕、楊白衣〔註 38〕、張曼濤〔註 39〕等，亦有印順法師的《唯識學探源》針對唯識學在佛教史中如何形成，以及八識理論如何被建構的撰著。〔註 40〕另外，橫山紘一有《唯識思想入門》簡論唯識思想的興起，和其在印度、中國、日本的展開，並針對唯識的認識論、阿賴耶識的提出、唯識無境的主張等主題加以介紹。〔註 41〕長尾雅人的論文集《中觀と唯識》中亦探討了許多唯識相關的議題，包括唯識宗如何反

〔註 28〕寺本婉雅：《梵藏漢和四譯對照唯識三十論疏》（東京都：国書刊行会，1977年初版）。

〔註 29〕上田義文：《梵文唯識三十頌の解明》（東京：第三文明社，1987 年 9 月）。

〔註 30〕荒木典俊：《唯識三十論釋》，收於《世親論集》（東京都：中央公論新社，2005年初版）。

〔註 31〕同註 25。

〔註 32〕Stefan Anacker, *Seven Works of Vasubandhu*（Delhi: Motilal Banarsidass, 1986），p.181～190。

〔註 33〕Thomas A. Kochumuttom, *A Buddhist Doctrine of Experience*（Delhi: Motilal Banarsidass, 1989），p.254～259.

〔註 34〕Mind Only: *A Philosophical and Doctrinal Analysis of the Vijñānavāda*（Honolulu: University of Hawaii Press, 1991），p49～56.

〔註 35〕David J. Kalupahana, *The Principle of Buddhist Psychology*（New York: State University of New York, 1987），p.173～214.

〔註 36〕于凌波：《唯識名相新釋》（臺北：新文豐出版，1997 年）。

〔註 37〕韓廷傑：《唯識學概論》（臺北：文津出版社，1993 年）。

〔註 38〕楊白衣：《唯識要義》（臺北：文津出版社，1988 年）。

〔註 39〕張曼濤主編：《唯識典籍研究》（臺北市：大乘文化，1981）。

〔註 40〕釋印順：《唯識學探源》（臺北：正聞出版社，1992 年）。

〔註 41〕橫山紘一著，許洋主譯：《唯識思想入門》（臺北市：東大圖書，2002 年）。

省中觀的立場，並以三性說重新呈顯「空」的義理〔註42〕。除了以佛教內部的解說為主來解釋唯識，亦有當代的詮釋如林鎮國曾撰文說明「唯識」為一知識論概念而非本體論概念，企圖解釋西方學界將唯識學界定意為唯心論傳統的誤讀；〔註43〕並曾針對《解深密經》以三性論重新解釋「空」，而後起唯識學的詮釋意識，論說《解深密經》在佛學史上的地位。〔註44〕

聚焦在《唯識三十頌》上，李潤生的《唯識三十頌導讀》，專門針對《三十頌》各頌文仔細分析，並介紹其中的名相、重要觀念，以及各論師曾有過的辯論主題，是研讀《三十頌》重要的參考書籍〔註45〕。只是李潤生以及前述于凌波、韓廷傑等所著唯識綜論的書籍，在解釋心所時大多引用《成唯識論》的說法，並多引「以……為性，……為業。」其下的內文便很少引出，也不特別論說，使得心所的解釋大致相似，而無法凸顯這些學者對於唯識中的心、心所思想有什麼不同的看法。除單純的解釋、梳理源流、論說義理之外，當代亦有學者試圖以跨文化的文本對話方式，以不同的解讀，賦予唯識學更新的意義，如吳汝鈞便以現象學的視角與世親、護法以及安慧一系的唯識互相解讀，對於「識轉變」、「唯識無境」與胡塞爾所說「懸置」、「判斷終止」等現象學還原動作，以比對的方式試圖給予唯識學一個新解，此種作法與本文的處理途徑很相近，可以提供很好的操作示範〔註46〕。在中文期刊方面，張慶熊的〈唯識三十頌〉曾比較梵文本及德譯本之異同，並略解釋頌文〔註47〕；霍韜晦曾於〈唯識三十頌三譯對照〉針對梵文本《三十頌》翻譯，

〔註42〕長尾雅人：〈空義より三性說へ〉、〈三性說とその譬喻〉、〈転換の論理〉此三篇均是討論三性說的文章，第一篇偏重在「三性」如何在中觀義理的發展之後，隨順當時對於中觀的「空」所產生的問題而產生，以及不同經典所主張之「三性」由來解釋；第二篇則探討佛教經典如何以譬喻的行文來說明「三性」，包含《攝大乘論》的「蛇、繩」、「地、土、金」等譬喻；第三篇則討論「識」的轉變義，以及外境如何在識的轉變中被認識。三篇論文均收在《中觀と唯識》（東京：岩波書店，1978 年）。

〔註43〕林鎮國：〈「唯識無境」的現代爭論〉，《空性與現代性》（新北市：立緒文化，1999 年），頁 231～245。

〔註44〕林鎮國：〈解釋與解脫：論《解深密經》的詮釋學性格〉，《空性與方法：跨文化佛教哲學十四論》（臺北市：政大出版社，2012 年），頁 33～45。

〔註45〕李潤生：《唯識三十頌導讀》（新北市：全佛文化，2011 年 11 月修訂一版）。

〔註46〕吳汝鈞：《唯識現象學 1：世親與護法》、《唯識現象學 2：安慧》（臺北：臺灣學生書局，2002 年）。

〔註47〕張慶熊：〈唯識三十頌〉《鵝湖月刊》（新北市：鵝湖月刊社，1995 年 3 月），頁 21～26。

並與玄奘的譯本並列對照。〔註48〕可以提供筆者注意到《三十頌》的梵文本與漢譯本中的不同。

　　在《三十頌》的義理研究方面，國內針對《三十頌》撰作的學術論文並不多，依臺大佛學數位圖書館暨博物館蒐所的結果，大多是註解類的撰注，筆者已略列於前。學位論文也只有兩篇，分別是徐典正〔註49〕、陳淑螢〔註50〕分別前者針對「阿賴耶識」爲主題，後者則針對「識變」。此外，有吳汝鈞〈《唯識三十頌》與《成唯識論》的阿賴耶思想〉〔註51〕分析《三十頌》的梵文以及《成唯識論》對其詮解，說明安慧之注解較接近世親的原意，而護法則多有自己的創發，並說明《三十頌》和《成唯識論》與《瑜珈師地論》和《成實論》比較起來，前兩者較具有理論化的傾向，而後兩者較注重輪迴觀的敘述。也有釋慧仁〈關於玄奘大師《唯識三十頌》翻譯問題之辨析〉〔註52〕將梵文版的《唯識三十頌》比對玄奘的中譯，分析玄奘在翻譯時於何處採取音譯、何處意譯，進而檢討近人是否該因玄奘的翻譯本不是世親本意而忽視他的價值。蔡瑞霖有〈世親「識轉變」與胡塞爾「建構性」的對比研究〉〔註53〕以《唯識三十頌》的頌文爲主，討論唯識「識轉變」與胡塞爾所說「意識流與時間的關係」之間的相似性。翻閱《唯識三十頌》的相關論文，可以發現其研究大多集中在「識轉變」、「阿賴耶識」、「三性三無性」、「轉識成智」這方面，專門針對「心所」而提出的問題意識較少。

（二）「意義治療學」及其相關研究

　　弗蘭克是生於奧地利維也納的猶太人，於第二次世界大戰時，遭納粹黨遣送集中營，並失去了父母、妻子和哥嫂，唯有一個妹妹倖存。弗蘭克以自

〔註48〕霍韜晦：〈唯識三十頌三譯對照〉《內明雜誌》第 104 期（香港：內明雜誌社 1980 年 11 月），頁 26～29。

〔註49〕徐典正《唯識三十頌研究：成唯識論之阿賴耶識探討》（新北市：文化大學印度文化研究所碩士論文，1986 年）。

〔註50〕陳淑螢：《唯識學識變論初探：以《唯識三十頌》爲中心》（臺北市：臺灣大學哲學研究所碩士論文，1989 年）。

〔註51〕吳汝鈞：〈《唯識三十頌》與《成唯識論》的阿賴耶思想〉，《正觀》第六十期（南投：正觀出版社，2012 年 3 月），頁 80～158。

〔註52〕釋慧仁：〈關於玄奘大師《唯識三十頌》翻譯問題之辨析〉，《法音》（北京：中國佛教會，2003 年 1 月）。

〔註53〕蔡瑞霖：〈世親「識轉變」與胡塞爾「建構性」的對比研究〉，《國際佛學研究》創刊號（臺北：國際佛學研究中心，1991 年 12 月）。

身的經歷驗證他對於存在分析和意義治療的主張，並在戰後持續推廣其說，使得意義治療在美國、加拿大等國大放光彩。弗蘭克的著作多以德文和英文寫成，德文著作有下：

1. Die Psychotherapie in der Praxis: Eine kasuistische Einführung für Ärzte〔註 54〕

2. Psychotherapie für den Alltag: Rundfunkvorträge über Seelenheilkunde〔註 55〕

3. Logotherapie und Existenzanalyse〔註 56〕

4. Der leidende Mensch. Anthropologische Grundlagen der Psychotherapie〔註 57〕

5. Der Wille zum Sinn〔註 58〕

6. Theorie und Therapie der Neurosen. Einführung in Logotherapie und Existenzanalyse.〔註 59〕

7. Logos und Existenz〔註 60〕

8. Homo patiens: Versuch einer Pathodizee〔註 61〕

9. Der unbedingte Mensch〔註 62〕

10. Der unbewußte Gott: Psychotherapie und Religion〔註 63〕

11. Die Existenzanalyse und die Probleme der Zeit〔註 64〕

12. Ärztliche Seelsorge: Grundlagen der Logotherapie und Existenzanalyse〔註 65〕

〔註 54〕 Victor Frankl, *Die Psychotherapie in der Praxis: Eine kasuistische Einführung für Ärzte*（Wien: Franz Deuticke, 1947）.

〔註 55〕 Victor Frankl, *Psychotherapie für den Alltag: Rundfunkvorträge über Seelenheilkunde*（Freisburg: Herder Verlag, 1971）.

〔註 56〕 Victor Frankl, *Logotherapie und Existenzanalyse*（Weinheim: Neuauflage Psychologie Verlags Union, 1998）.

〔註 57〕 Victor Frankl, *Der leidende Mensch: Anthropologische Grundlagen der Psychotherapie*（Bern: Huber Verlag, 1975）.

〔註 58〕 Victor Frankl, *Der Wille zum Sinn*（Bern: Huber Verlag, 1972）.

〔註 59〕 Victor Frankl, *Theorie und Therapie der Neurosen. Einführung in Logotherapie und Existenzanalyse*（München: Ernst Reinhardt, 1999）.

〔註 60〕 Victor Frankl, *Logos und Existenz.*（Wien: Amandus, 1951）.

〔註 61〕 Victor Frankl, *Homo patiens: Versuch einer Pathodizee*（Wien: Franz Deuticke, 1950）.

〔註 62〕 Victor Frankl, *Der unbedingte Mensch*（Wien: Franz Deuticke, 1949）.

〔註 63〕 Victor Frankl, *Der unbewußte Gott: Psychotherapie und Religion*（München: Kosel Verlag, 1948）.

〔註 64〕 Victor Frankl, *Die Existenzanalyse und die Probleme der Zeit*（Wien: Amandus, 1947）.

〔註 65〕 Victor Frankl, *Ärztliche Seelsorge: Grundlagen der Logotherapie und Existenzanalyse*（Wien: Franz Deuticke,1946）.

此書有英文翻譯 The Doctor and the Soul.〔註 66〕

13. Trotzdem Ja zum Leben Sagen: Ein Psychologe Erlebt das Konzentrationslager〔註 67〕此書有中文翻譯《向生命說 Yes》〔註 68〕，以及英文翻譯 Man's search for ultimate meaning.〔註 69〕

14. Was nicht in meinen Büchern steht. Lebenserinnerungen.〔註 70〕此書有中文翻譯《意義的呼喚》〔註 71〕，英文翻譯 Recollections: An Autobiography〔註 72〕

以英文寫作的專著有：

1. The Unheard Cry for Meaning Psychotherapy.〔註 73〕

2. The Unconscious God〔註 74〕

3. The Will to Meaning: Foundations and Applications of Logotherapy〔註 75〕

4. Psychotherapy and Existentialism: Selected Papers on Logotherapy.〔註 76〕

5. On the Theory and Therapy of Mental Disorders: An Introduction to Logotherapy and Existential Analysis〔註 77〕

〔註 66〕 Viktor E. Frankl, *The Doctor and the Soul: From Psychotherapy to Logotherapy*（London: Souvenir, 2004）.

〔註 67〕 Victor Frankl, *Trotzdem Ja zum Leben Sagen: Ein Psychologe Erlebt das Konzentrationslage*（Wien: Franz Deuticke Verlag, 1947）.

〔註 68〕 Victor Frankl 著，呂以榮、李雪媛、柯乃瑜譯：《向生命說 Yes》（香港新界：啓示出版社，2009 年 6 月）。

〔註 69〕 Viktor Frankl, *Man's search for ultimate meaning*（New York: Perseus Book publishing. 2000）.

〔註 70〕 Victor Frankl: *Was nicht in meinen Büchern steht. Lebenserinnerungen*（München: Quintessenz Verlag 1995）.

〔註 71〕 Viktor E. Frankl 著，鄭納無譯：《意義的呼喚》（臺北市：心靈工坊，2002 年）。

〔註 72〕 Viktor Frankl, *Recollections: An Autobiography*（New York: Perseus book Publishing. 1997）.

〔註 73〕 Viktor Frankl, *The Unheard Cry for Meaning Psychotherapy*（New York: Washington Square Press/Pocket Books, 1985）.

〔註 74〕 Viktor Frankl, *The Unconscious God*（New York: Washington Square Press/Pocket Books, 1985）.

〔註 75〕 Viktor Frankl, *The Will to Meaning: Foundations and Applications of Logotherapy*（New York：New American Library, 2014）.

〔註 76〕 Viktor Frankl, *Psychotherapy and Existentialism: Selected Papers on Logotherapy*（New York: Simon & Schuster, 1967）.

〔註 77〕 Viktor Frankl, *On the Theory and Therapy of Mental Disorders: An Introduction to Logotherapy and Existential Analysis*（New York: Routledge, 2004）.

　　目前弗蘭克的中譯著作，依筆者搜尋的結果共有五本，《從存在主義到精神分析》〔註78〕雖然是較早期的譯作，但其書中除清楚地介紹意義治療的哲學基礎外，還翻譯出弗蘭克對於「存在動力」、「精神官能症」並從精神病學的角度來說明精神分析和意義治療的不同之處，此外較清晰地說明了「矛盾意向療法」和弗蘭克所作的心理實驗，是五本書中較深入的著作。《活出意義來──從集中營說到存在主義》〔註79〕一書前半為弗蘭克自傳，後半則略述意義治療的宗旨和幾個重要的問題，另外《意義的呼喚》〔註80〕大約也是如此，游恆山所譯的《生存的理由──與心靈對話的意義治療學》〔註81〕較有探討意義治療學的由來，及其與精神分析的關係，並有說明意義治療所使用的方法，此外，並定義了在意義治療中，對精神官能症及醫師角色看法。由劉翔平所寫的《尋找生命的意義──弗蘭克的意義治療學說》〔註82〕則以介紹的角度，說明意義治療的重點，大致與前面一本的內容相似。

　　在上列的英文著作中，比較重要的有《Man's Searching for Ultimate Meaning》〔註83〕其中詳細的解說了「靈性」這個心理結構，也探討了意義治療對夢、宗教的看法。《The Unheard Cry for Meaning Psychotherapy》〔註84〕此書除了對基本學說的介紹外，也解釋了意義治療在人本心理學中的定位，另有帶入當代文學在心理治療領域的應用。《Psychotherapy and existentialism》〔註85〕介紹了較多意義治療的哲學背景，以及實施治療的準則和方式，也有較多與精神分析學派的對話，以及對自己學派的定位。《The Doctor and the Soul：From Psychotherapy to Logotherapy》〔註86〕的內容大約與劉翔平所寫的介紹相同，也是介紹基本學說外提出「Suffering」、「Work」、「Love」等主題

〔註78〕弗蘭克著，黃宗仁譯：《從存在主義到精神分析》（臺北市：杏文出版社，1977年5月初版）。

〔註79〕Viktor E. Frankl著，趙可式、沈錦惠合譯：《活出意義來──從集中營說到存在主義》（臺北市：光啓出版社，1983年初版，1989年五版）。

〔註80〕Viktor E. Frankl著，鄭納無譯：《意義的呼喚》（臺北市：心靈工坊，2002年）。

〔註81〕Viktor E. Frankl著，游恆山譯：《生存的理由──與心靈對話的意義治療學》（臺北市：遠流出版社，1991年）。

〔註82〕劉翔平：《尋找生命的意義──弗蘭克的意義治療學說》（臺北市：貓頭鷹出版，城邦文化發行，2001年）。

〔註83〕同註69。

〔註84〕同註73。

〔註85〕同註76。

〔註86〕同註66。

討論，比較重要的是，本書中說明了「矛盾意向療法」和「非反省法」兩種意義治療學常用的方法，並舉出治療的實例討論。

（三）佛教心識研究及其與西方心理學的對比

陳兵著有《佛教心理學》〔註 87〕其中將佛教對於心識描述內容分作「原始佛教心理學」、「部派佛教心理學」、「印度大乘佛教心理學」、「印度密乘佛教心理學」、「中國佛教心理學」、「朝鮮、日本、越南佛教心理學」、分別論述其核心，以及重要論書，並梳理其中的源流與相互影響的部分。並有「近現代西方佛教心理學」整理十九世紀以來，西方學界對於佛教心理學的研究和看法。

在日本學者方面，勝又俊教的《佛教における心識說の研究》〔註 88〕較全面的討論了「心」與「識」的演變和詞意，並針對《成唯識論》的注解提出問題，重點在點出護法及安慧兩者對「識」的四分說及一分說之不同主張，其中也有專章論釋《成唯識論》中的「了別境轉變」一節，除針對與六識相應之心所作解釋，也論述六識的作用及其與三性之關係。舟橋尙哉著有《初期唯識思想の研究》〔註 89〕針對唯識學的重要核心「阿賴耶識」、「八識說」、「唯識三性」、「無我說」進行溯源及解釋，並說明這些思想在不同經典中的差距以及演進。而上田義文的《大乘佛教思想》中亦有對唯識學的介紹，並專立一章針對佛教的「心」探討，說明「心」如何在無我的佛教思維中成立，並成爲唯識學中重要的核心。〔註 90〕水野弘元亦有關於佛教心識的研究論文，如對「心」、「心所」的釋義，以及佛教的心識理論如何從阿含時期的「受、想、行、識」發展到唯識學的八識結構，並提出「心所是心的多種呈現樣貌，而不是離開心而存在的現象」；以及有部發展原始佛教的義理，對心、心所的新解，和經部如何在《大毘婆沙論》、《俱舍論》、《順正理論》等論書中論證反對在心之外另立心所有法。〔註 91〕

〔註87〕陳兵：《佛教心理學》（高雄：佛光文化，2012 年 3 月）。
〔註88〕勝又俊教：《佛教における心識說の研究》（東京：山喜房佛書林，1974 年）。
〔註89〕舟橋尙哉：《初期唯識思想の研究：その成立過程をめぐって》（東京：國書刊行會，1976 年）。
〔註90〕上田義文著，陳一標譯：《大乘佛教思想》（臺北市：東大圖書，2002 年）。
〔註91〕水野弘元：〈心・心所思想の發生過程について〉、〈心・心所に關するう有部・經部等の論爭〉收在《仏教教理研究——水野弘元著作選集第二卷》（東京都：春秋社，1997 年），頁 247～300。

在佛教與「心理學理論」對話的著作方面，蔡伯郎有〈佛教心心所與現代心理學〉不僅梳理部派佛教到《成唯識論》的心所分類，還將佛教中對心所有爭論議題，與心理學的科學實驗結果相比較。〔註92〕林國良撰有〈唯識學認知理論的現代心理學解析〉〔註93〕針對五十一心所的特性，及認識過程，論說心所的設立與幾乎與修行相關的唯識心理分析。劉宇光有〈佛教唯識宗煩惱的基本性質——心理學概念與倫理學概念之辯〉一文，藉個文獻中，對煩惱心所的定義，推論其爲「無明」及「我執」的呈顯樣貌，檢討煩惱心所是否可以稱爲情緒，以及心所可否被稱爲佛教的情緒心理學。〔註94〕另有一些學位論文以精神分析的角度切入，探討唯識的八識理論、藏傳《度亡經》與潛意識間的關係〔註95〕；將榮格的「集體潛意識」、「原型」、「個性化過程」、「神秘合體」與佛教中「阿賴耶識」、「種子義」、「涅槃解脫」、「藏密雙修」等概念並列討論〔註96〕；針對「潛意識」及「阿賴耶識」的「發現途徑」、「運作模式」、「論證關係」等重點分析其異同。〔註97〕

（四）意義治療學與佛學及東方思想的對比研究

將意義治療與佛教議題相比較的論文較少，依筆者目前所蒐集到的資料有：〈弗蘭克爾與意義治療法——兼談健全的生死觀〉〔註98〕其中談到了意義治療的「意義意志」、「創造」、「態度價值」與儒、佛、道的心性論，可以進行比較並互補，但只是點到爲止，並沒有深入的細論。賴賢宗的〈空性智慧、佛教意義治療學與佛教詮釋學的治療學〉〔註99〕則提出意義治療的三個基本原理：意志自由、追求意義的意志、生活意義，與佛教從「空」到「空之有」，

〔註92〕 同註1。
〔註93〕 林國良：〈唯識學認知理論的現代心理學解析〉，《普門學報》第18期（高雄：普門學報社出版，2003年11月），頁79～98。
〔註94〕 劉宇光〈佛教唯識宗「煩惱」的基本性質——心理學概念與倫理學概念之辨〉，《復旦哲學評論》第4輯（上海人民出版社2008年），頁164～203。
〔註95〕 尹立著：《精神分析與佛學的比較研究》（成都：巴蜀書社，2003年10月）。
〔註96〕 王信宜：《榮格心理學與佛教相應觀念之研究》（高雄：國立中山大學中國文學系碩士畢業論文，2002年）。
〔註97〕 白聰勇：《唯識學與心理學有關潛意識分析之比較》（新竹：玄奘大學宗教學研究所碩士論文，2008年）。
〔註98〕 傅偉勳：〈弗蘭克爾與意義治療法——兼談健全的生死觀〉，《批判的繼承與創造發展》（臺北：東大圖書，1986年），頁172～179。
〔註99〕 賴賢宗：〈空性智慧、佛教意義治療學與佛教詮釋學的治療學〉，《普門學報》第13期（高雄：普門學報社出版，2003年1月），頁105～134。

再到「妙有」的過程對比，呈顯佛教也具有自己的意義治療。以及林安梧《中國宗教與意義治療》一書中，藉意義治療學之概念，以「般若治療」〔註100〕為名，探討《金剛般若波羅蜜經》中，透過般若空智的照見，使一切事物回到事物自身的方式，建立其心靈治療的面向。亦是意義治療學派的 Joseph B. Fabry 也注意到意義治療與佛教具有某些相似，但他只從四諦的角度去談佛教的終極意義，對於佛教其他的名相或概念並沒有深入的論證。〔註101〕另有國內的博士論文《大佛頂首楞嚴經生命治療觀之研究》〔註102〕以佛洛伊德、沙特、弗蘭克作為心理治療觀點的進路，討論楞嚴經中如何撥顯心識，如何由「無明」到「如來藏」。

在學位論文方面，將意義治療與儒道兩家、宋明理學相比的碩士論文，依國家圖書館所收的論文來看，共七篇左右，而根據臺大佛學數位圖書館暨博物館，以及香光寺所編的目錄搜索，與佛教相對比的碩士論文只有兩篇：《從「意義治療」觀點論「普賢行」之意涵——以善財童子五十三參為主》〔註103〕，以意義治療的角度，重新整理「普賢行」、「善財童子五十三參」，並以其中諸法門的解釋，試圖建立佛教的意義治療學，本文除整理文獻外，在最後以試圖將諸法門中所體現的意義治療，回歸到現實社會檢討「身分」的意義，並強調「度他」及「智慧為導」的佛教取向；另有《宗教心理治療暨意義治療對精神官能症效應之研究》〔註104〕其中也有將意義治療和佛教的基本教義作連結，只是此書少理論申辯，而多闡述實際病例，並說明弗蘭克所稱之「存在挫折」與「精神官能症」以及宗教在心理治療中起現什麼作用。

四、研究方法與步驟

本論文第二章擬探討《唯識三十頌》中的心所，是如何從原始佛教中的

〔註100〕林安梧：〈邁向佛家行般若治療學的建立——以《金剛般若波羅蜜經》為核心展開〉，《中國宗教與意義治療》（臺北：文海基金會出版，1996年。），頁177～210。

〔註101〕Joseph B. Fabry," Logotherapy and Eastern Religion," Journal of Religion and Health,14（New York, Human Sciences Press），pp.271～276.

〔註102〕林彥宏：《大佛頂首楞嚴經生命治療觀之研究》（花蓮：東華大學中國語文學系博士論文，2013年）。

〔註103〕陳瑞熏：《從「意義治療」觀點論「普賢行」之意涵——以善財童子五十三參為主》（新北市：華梵大學東方人文思想所碩士論文，2004年）。

〔註104〕邱雅萍：《宗教心理治療暨意義治療對精神官能症效應之研究》（宜蘭：佛光大學宗教學系碩士論文，2004年）。

「受、想、行、識」，經部派佛教的衍伸，發展至大乘唯識學。探討學界對心、心所的研究狀況，論說幾個重點問題，如「心、心所是一是異」、「心、意、識可否俱起」、「心所數目及分類的異同」等。整理並定義《唯識三十頌》中的五十一心所、心所分類，和心所中假實法的差別，此外，亦比較《成唯識論》及安慧注兩者的立場，及兩者對心所詮釋的差別。

　　第三章擬探討意義治療的學說背景，定義「意志自由」、「意義意志」、「人生意義」三大基礎架構，並討論弗蘭克所謂的「靈性潛意識」內容為何、對人的影響為何，以及「靈性潛意識」和精神分析所謂的「本能潛意識」有什麼不一樣的特性，並從這樣的對比中看出意義治療學是以什麼角度來論說自我超越的可能，和具有高度的存在。最後討論心所和意義治療可做對比的重點，並分析兩者的異同，說明對比研究可能的侷限。

　　第四章則專注檢視兩者的「前見」，和《三十頌》中的「勝解」以及意義治療學中的「超越性意義」有何關係。對唯識學來說，分析心、心所的目的很明確，即是要有情眾生可以了解心理狀態的真實虛妄，以及受、想、行蘊因緣合和的生滅性，進而能對「三性」及「三無性」有正確的理解，乃至從無明中解脫，《三十頌》秉此前見，來分別善心所和煩惱心所，本章中要從心識的三、四分說，來檢視唯識的自證系統是否真的能使有情理解唯識學的正向價值，並依照這個價值觀行事，進一步可以檢視「勝解」的生起和自證的關係。對意義治療學來說，其前見並不是很明顯，需要透過弗蘭克所參考的現象學，即當時心理學界的狀況，意即「人本心理學」和「超個人心理學」的主張，來推論意義治療學所秉持的價值觀，確立「靈性潛意識」作為意義意志的善性源頭，在此主張中，討論「超越性意義」的可能和追求。

　　第五章的重點放在對比唯識「煩惱心所的對治」，和意義治療學「精神官能症的解除」，在《三十頌》中，煩惱心所各有其對治的善心所或別境心所，並透過假實法的分析，歸納煩惱心所中具有「病根」性質的類別為何。此外，《成唯識論》亦提出修三十七菩提分，以對治煩惱的說法，因此，筆者欲將與「對治煩惱心所」相關的解說作一番系統性整理，試圖理解唯識學中對煩惱心所的各個對治是否完整。如同《三十頌》提出對煩惱的解決方法，意義治療學也有一套治療精神官能症的療法，主要是「矛盾意向療法」和「非反省法」，這兩者都以干擾個體意識的意向性作用為基礎，緩解患者不適的症狀，如失眠、失語、焦慮、強迫症等等。由於轉變意向性作用，對於轉變念

頭有很大的幫助，《三十頌》中的煩惱心所和善心所常只有念頭的一線之隔，例如「癡」與「無癡」、「信」與「不信」，因此，筆者欲從意向轉變的角度，對比兩者在「治療」上的理論，並討論兩者有無可互補之處。

　　本論文主要使用「文獻分析法」、「基源問題研究法」和「對比研究法」。在第二章整理《唯識三十頌》的心所分類、重要問題方面，除將《三十頌》當作第一手文獻外，亦參考《成唯識論》和安慧注解，及相關的二手研究資料。第三章整理「意義治療學」的基本主張，和靈性潛意識的定義，則主要參考弗蘭克的英文及中譯作品，做系統性的整理。在這兩部分主要使用文獻分析法，從其著作和論述中確立本論文所要使用的基本資料，並梳理定義之。

　　第四章中涉及唯識學的自證理論檢視，和意義治療學中「靈性」「意義」等核心理念善傾向的由來，乃至討論前者「勝解」的生起是否合理，以及後者「超越性意義」是否能與意義意志相符。這章除了使用文獻分析檢視《成唯識論》中對於自證分和證自證分的解說外，尚需參考其餘現當代研究對於陳那、安慧三分說和一分說的論證。尚須使用「基源問題研究法」，從弗蘭克提出意義治療學的關懷和當時時代處境，尋找弗蘭克想解決的「生存空虛」、「生存挫折」究竟為何，並從其論說的過程中，梳理其吸收的哲學概念，及這些哲學概念在他的學說中起現何種作用。

　　第五章是《唯識三十頌》和「意義治療學」在「煩惱對治」和「精神官能症的治療」之對照研究，因此主要使用「對比研究法」，將前面幾章所澄清的「終極關懷」、「方法原理」、「基礎哲思」當作校準基點，比較兩者在「治療」的方法使用上，有什麼樣的異同出入，並討論是否有可互補或是缺漏之處。

　　總和以上，本論文透過東西方兩種心理分析的對話，意圖激盪出一種新的角度，來檢視人的情緒、意識乃至於行為、心理反應，並以這些觀察，討論「煩惱」、「精神病症」等障礙生活的難關，是否能更有效率的被撫平、解決，並意圖開出《唯識三十頌》所謂的「解脫」，和「意義治療學」所謂「有意義的存在」，是否有終極關懷上可互相參照之處。

第二章 《唯識三十頌》的心所及其注解

　　《唯識三十頌》是世親菩薩（Vasubandhu，360～440〔註1〕）的集大成之作，簡短又精練的總結了世親對「唯識」的理解，其中明示了「識」在人與外界的認識、有情相續的保證、及業力保存或現前之擇取中，所佔有的主宰地位。有關《三十頌》的版本、譯本，吳汝鈞〔註2〕及李潤生〔註3〕在其論著中曾有整理，筆者在研究《唯識三十頌》的心所思想時，除參閱大正藏中中文《唯識三十頌》外，礙於語言能力不足，梵文版本解讀則主要參照吳汝鈞先生於《唯識現象學1：世親與護法》〔註4〕中針對各頌的梵文翻譯，以及上田義文《梵文唯識三十頌の解明》〔註5〕中，以梵文本爲主要分析對象的解釋。除原典之外，針對《唯識三十頌》的後代解釋論書，筆者主要參考《成唯識論》，以及《唯識三十論釋》。

　　世親在完成《唯識三十頌》後，不及作長行即逝，因此引發了後世許多不同的討論和解釋。《三十頌》將「識」分作三大部分鋪衍解釋，分別爲「阿

〔註1〕印順法師根據渡邊海旭和宇井伯壽的推論，和無著及一些世親的傳說，採取西元 360～440 的生卒年説法。參見釋印順：《佛教史地考論》妙雲集下編之九（臺北市：正聞出版社，1992 年），頁 329～342。

〔註2〕吳汝鈞：〈別序〉，《唯識現象學1：世親與護法》（臺北市：臺灣學生書局，2002 年），頁 X～XIII。

〔註3〕李潤生：《唯識三十頌導讀》（新北市：全佛文化， 2011 年 11 月修訂一版），頁 96～99。

〔註4〕同註2。

〔註5〕上田義文：《梵文唯識三十頌の解明》（東京：第三文明社，1987 年）。

賴耶識」、「末那識」及「前六識」。前六識又稱「了境能變」,可依對應的「根」、「境」緣合而成,有情透過此六識,對周遭的事物產生理解和認識。根、境、識三和,使人得與外境接觸,進而對自身的處境有所認知。前六識與苦受、樂受、不苦不樂受相應之後,有不同的心、心所產生。這些心所隨著六識所緣取之境不同,對個體亦產生不同的業用。

第一節 心所的概念發展:從原始佛教到大乘唯識學

唯識學中對於「心」、「心所」有許多細微的討論,但是「心」、「心所」這兩個名詞,是歷經了長時間的理論建構,才慢慢形成的概念。原始佛教時雖已十分重視人的心識變化,但是對於認識作用及種種細微的精神變化,並沒有講得太深入。部派佛教時期,因為各派的主張不同,對於人的心理反應,也各有不一樣理論,此時雖已有「心」、「心所」的說法,但是定義、內涵、特性都有所出入,也衍生出諸多相關問題。到瑜伽、大乘唯識學時,「心」、「心所」所指涉的範圍和其分類較確定,但仍延續了部派的一些問題。不論原始佛教抑或後來的部派、大乘,雖對佛理有不同解釋,但其核心宗旨仍是要人透過自力覺悟離苦得樂,不論派系為何,均需處理眾生的慾望問題,故對人的「心識」大多有所著墨。以下便就「原始佛教」、「部派佛教」、「瑜伽唯識學派」對「心」、「心所」的討論做一番整理。

一、原始佛教中的心、心所

原始佛教中,對於個體心理狀態的描述,可在「十二因緣」中看見:在無明中的眾生,因受「貪、瞋、癡」障蔽,而作諸業,透過身、口、意緣起「識」、「名色」、「六入」,因生執著而起「觸、受、愛、取」,故人有苦樂等情緒反應,亦受慾望的操縱,為求取所欲,作諸因果自己承受之。〔註6〕這雖然與我們現在討論的心所同樣涉及心理描述,但原始佛教卻是泛指個體的自我困擾,乃至無法解脫的歷程,與《三十頌》中將「心識」當作討論的重點,

---

〔註6〕《雜阿含經》卷12:「若於所取法隨生味著、顧念、縛心,其心驅馳,追逐名色,名色緣六入處,六入處緣觸,觸緣受,受緣愛,愛緣取,取緣有,有緣生,生緣老、病、死、憂、悲、惱、苦。如是如是純大苦聚集,譬大樹根幹、枝條、柯葉、蘋果,下根深固,壅以糞土,溉灌以水,彼樹堅固,永世不朽。」(《大正新脩大藏經》以下簡稱 T02, no. 99, p. 79, b24~c1)。

中將「心識」當作討論的重點，並細緻分析各種心所對個體產生的影響，與其障蔽或助益修行的深淺，有相當程度的差異。

心、心所的概念並不是一開始就存在於原始佛教中，在尼科耶、阿含時代雖也討論心識問題，但卻幾乎不用「心所」一詞。經考證發現，巴利中的《長部·堅固經》（Kevatta Sutta）中雖有用到「心所」一詞，但指得是「心的想法」、「存在於心者」並沒有「心所有法的」用意。在現存的巴利尼柯耶中，最初談心所一詞的是《無礙解道》和《義釋》，且其中所談的「心所」含意，與後世所用的「心所」大致相同，可見巴利佛教及至成立此二書的初期阿毘達磨時代，才確立心所一詞。〔註7〕

在漢譯的阿含經典中，只有《中阿含》和《雜阿含》使用「心所」一詞，在《長阿含》和《增一阿含》中都沒有找到。《中阿含》裡出現了三次「心所」，分別在《分別大業經》〔註8〕、《五支物主經》〔註9〕、《傷歌邏經》〔註10〕，《雜阿含》中雖沒有明確的出現「心所」，但是出現了「心、心法」三次，其內涵和用法與「心所」相同，分別在 307 經〔註11〕、568 經〔註12〕和 912 經〔註13〕中。其中《分別大業經》、《五支物主經》出現的句子，在對應的巴利經典中，並沒有記載，其他例子或有記載但略有出入，〔註14〕由於漢譯阿含經是部派佛教時期，依照各部派的說法所譯成，故漢譯的阿含經理應加入了許多

〔註 7〕 水野弘元著，釋惠敏譯：《佛教教理研究——水野弘元選集二》（臺北市：法鼓文化，2000 年），頁 311～320。

〔註 8〕 《中阿含經》卷 44：「或復死時生善心，心所有法正見相應，彼因此緣此，身壞命終，生善處天中。」（T01, no. 26, p.708, b20～22）。

〔註 9〕 《中阿含經》卷 47：「念者我施設，是心所有，與心相隨。」（T01, no. 26, p.720, c19～20）。

〔註10〕 《中阿含經》卷 35：「彼從此定寤，即如是如是念，彼亦占過去，亦占未來，亦占現在，久所作、久所說，亦占安靜處、住安靜處，亦占至心、心所有法。摩納！是謂占念示現。」（T01, no. 26, p. 651, b2～5）。

〔註11〕 《雜阿含經》卷 13：「眼色二種緣，生於心心法，識觸及俱生，受想等有因。」（T02, no. 99, p.88, b1～2）。

〔註12〕 《雜阿含經》卷 21：「復問：『尊者！覺、觀已，發口語，是覺、觀名爲口行。想、思是心數法，依於心，屬於心想轉，是故想、思名爲意行。』」（T02, no. 99, p.150, b2～4）。

〔註13〕 《雜阿含經》卷 32：「彼心、心法常受喜樂，如是離瞋恚、愚癡障閡，不欲自害，不欲害他、自他俱害，不現法後世受斯罪報；彼心、心法常受安樂，於現法中，遠離熾然，不待時節，親近涅槃，即此身現緣自覺知。」（T02, no. 99, p.229, b18～23）。

〔註14〕 同註 7，頁 320～322，及頁 322 註 18。

各部派自己的見解，但南傳巴利藏較接近佛所親傳的教法，故這裡的「心、心所」於《雜阿含經》中出現，但巴利藏中卻無相對之處，應是後世傳抄時所添加的。水野弘元和勝又俊教即依此推論，這裡的「心所」用語，很有可能是後世傳者在經典中添加的。〔註15〕

然而，部派在傳抄時加入自己的看法，導致佛陀親口宣說的法理有所轉變，這樣的情形不僅只發生於漢譯佛典，在南傳佛教中也是有可能的。南傳佛教中亦有部派的分別，包含「化地部」、「法藏部」、「飲光部」、「赤銅鍱部」均是南印度乃至斯里蘭卡一帶的各部派，〔註16〕這些部派在傳承巴利藏經時，難保不會添加自己的想法。因此，亦難依巴利藏和漢譯阿含的對照來判斷「心、心所」有沒有在原始佛教中被使用。況且，巴利語是不是一定較「梵語」、「漢譯佛典」接近佛所說的語言，也是不可得知的，季羨林在解釋「佛說的話」時提出了幾個觀點：首先，在巴利《律藏》中記載，佛允許諸比丘以「比丘自己的語言」來理解佛說的話，故佛的教說之傳播是以多種方言進行的。第二，巴利語不同於雅語（梵文），是語音語言，並沒有自己的文字系統，其「巴利」之名亦是近人所取，在佛陀時代或部派時期的「巴利語」是什麼樣貌，幾乎不可得知。第三，季先生以為，佛一生在摩揭陀國內宣教的時間較長，故推論佛以當地方言「摩揭陀語」說法的可能性很高，又依佛經

〔註15〕水野弘元和勝又俊教均在書中表達過，漢譯阿含中所使用的「心所」一詞，即有可能是部派時期或部派以後在經典中添加的。水野弘元的觀點見《佛教教理研究——水野弘元選集二》頁 322～323，勝又俊教則見《佛教における心識說の研究》頁 348～349。

〔註16〕印順法師於著作中推定：部派的最初分化開始於西元前三百年前後，第二次則開始於西元前二七〇年前後，第三次則約為西元前三世紀到前二世紀，第四次則約為西元前一世紀。第一次分化主要分出「上座部」和「大眾部」；第二次分化時，「大眾部」分出「一說部」、「說出世部」、「多聞部」等；第三次分化時大眾系的部派分出「制多山部」、「東山部」等，上座說系說一切有部分出「犢子部」，「犢子部」又分出「化地」、「飲光」、「法藏」、「赤銅鍱部」。其中「赤銅鍱部」即被稱為南傳佛教，以今斯里蘭卡為據點。可見南傳佛教的傳播也是包含於部派多年的分化中，不能據巴利語說其為最接近佛說的法。參見：釋印順：《印度佛教思想史》（新竹：正聞出版社，1988 年），頁 43～46。

另外，據呂澂說法，傳至錫蘭的「法藏部」雖被看作一個獨立的正宗，但其傳播與上座系的「化地部」有相當的關連性，亦是部派分化的結果。又說據考古資料看，南傳的部派有二十四部，若把其中重複的名稱也一一列出，則更多達四十多部。參見：呂澂：《印度佛學源流略論》（新北市：大千出版社，2008年二版），頁 59～62。

的集結和語言特色反對西方學者所論，以為「摩揭陀語」並不是現在所說的「巴利語」。〔註17〕從以上幾點看來，以巴利語為主所集結的藏經，是不是真的最貼近佛的原始教說，也需畫上問號。

雖然沒有證據證明原始佛教時期沒有「心、心所」的使用，但是卻也沒有確鑿的證據顯示這時期佛陀已有意識的使用「心、心所」，因此在諸多的不確定之下，只能羅列各種可能性做為參考，暫時將此問題擱置。

二、部派佛教中的心、心所

原始佛教遵照佛陀的教說，以「無我」作為萬事萬物的宗法，但進入了部派佛教時期，則以「無我」為基礎，慢慢衍伸出了「有我」說。這樣的轉變，主要源自於各部派對於「輪迴」說法的解釋，如果「我」只是緣起的生滅現象，那麼該怎麼知道作業者和受業者是同一個有情，亦即在「無我」的前提之下，該如何保證有情相續。因此，為了圓滿「輪迴」以及「無我」之間的矛盾，針對上述的問題，部派佛教中如「犢子部」、「正量部」提出了「補特伽羅」；「化地部」提出了「窮生死蘊」；「赤銅鍱部」提出「有分識」；「大眾部」提出「根本識」，皆欲在人的內識中安立一個輪迴主體，除了確保輪迴的說法可以被實現，也為「記憶」、「認識」設立一個中心。在「有我」之風的形成下，部派佛教對於「心」的看法便出現了新的詮解，而此時「心所」的使用已出現，且與後世的用法相同，表示「心的所有法」之義。

雖說各部派為了解決問題，不得不創造類似「有我」的名相，但是諸部派也都試圖將佛教的根本法理，也就是「無我」納入問題解決中，這種「無我」和「有我」間的拉扯，使得這一時期有關於「心」的討論，出現了以下幾個焦點：

（1）「心」、「意」、「識」三者義涵為何。

（2）「心所」是否存在，以及「心」、「心所」是別有個體還是一體即「心」。

（3）「心」、「心所」是相應生起還是次第生起，意即「心」、「心所」是一個接著一個生起，還是可以同時俱起。

以下就分別申論之：

〔註17〕季羨林：〈原始佛教的語言問題〉、〈三論原始佛教的語言問題〉收於《季羨林集》（北京：中國社會科學院出版，2000 年），頁 198～207 和 235～281。

（一）「心」、「意」、「識」義涵的相關問題討論

原始佛教中就有使用「心」、「意」、「識」的慣例，這三個字雖有些微的不同，但大多被混用為「心」的意思，若狹義的來檢視，「意」和「識」則有別於「心」，「意」多指「思慮」的意思，大體和五官關聯，是作為認識外界的中樞意義被使用；「識」則是「了別」之意，指分別外境不同或使有情產生認知之意。〔註18〕但不論如何，原始佛教中對這三個字，並沒有太明確的分別。〔註19〕

但是到了部派佛教時期，卻針對這三個字的嚴格定義，有眾多討論。依《大毘婆沙論》所記，眾部派對於「心」、「意」、「識」的看法大多可分作兩派，一派認為三者無差別，一派則主張將三者的意義和用法分開。以「心」、「意」、「識」無差別者，是沿用原始佛教的主張，而以「心」、「意」、「識」意不同者，則以多種角度來說明他們不一樣的性質和用途，包含「名」、「世」、「施設」、「義」、「業」。首先，兩者在名相上就有展示出不同；其次「心」、「意」、「識」分別表現三時不同的意念，識的相續依靠前後識的接續，前識滅去以後，後識依恃生出，這時前滅識稱作「意」，而依滅去的前識生出的當下心念稱作「識」，以當下心念所引發的後念或是業用稱作「心」；「施設」是以「界、處、蘊」來分別「心」、「意」、「識」，「意」為六根緣取外境的得六識的作用，而「識」則是「色、受、想、行、識」用以和合五蘊之身的原理，「心」則表示「十八界」，統籌「義」和「識」的作用範圍，包含較為廣闊；「義」和「施設」類似，都是以「界、處、蘊」來分別「心」、「意」、「識」，只是換了一種說法，以「種族、生門、積聚」來講；「業」則說「心」、「意」、「識」的差別是「遠行」、「前行」、「續生」，「遠行」的「心」在一切時、一切處皆能發揮作用，包含「意」和「識」的作用，「前行」的「意」，則是有情在造諸業、生價值判斷前所生的念頭，「續生」的「識」則主要保證有情的相續，在靈識脫離前一個生命狀態，要入下一生命狀態時，「識」為負責引導有情抉擇下一世的主要中心。〔註20〕

檢視眾多的說法，可以發現，「心」的作用通常是最廣的，而「意」較傾

〔註18〕木村泰賢著，演培法師譯：《小乘佛教思想論》（貴州：貴州大學出版社，2013年12月），頁281。

〔註19〕木村泰賢：《原始佛教思想論》，木村泰賢全集第三卷（東京：大法輪閣，1982年），頁151～152。

〔註20〕《阿毘達磨大毘婆沙論》卷72（T27, no. 1545, p. 371, b3～24）。

向緣取外界的認識動作，最後「識」多和有情相續有關。再進一步論說，緣取的作用最後必要進入價值判斷，故與「思量」相關；「識」之所以可以和合五蘊之身，是以有情的分別心作爲動力之故。總和以上，《大毘婆沙論》接著說：

> 脅尊者言：「滋長分割是心業，思量思惟是意業，分別解了是識業。應知此中滋長者是有漏心，分割者是無漏心；思量者是有漏意，思惟者是無漏意；分別者是有漏識，解了者是無漏識。心意識三是謂差別。〔註21〕

「心」爲滋長「心」、「意」、「識」三者的主要中心，也是斷除「心」、「意」、「識」了別萬物、起分別的中心；「意」爲思量現狀，使有情依現狀引發動作、反應、記憶等心理作用之中心，也是提升思維，使有情以無漏智慧收攝萬物的中心；「識」爲分別外境，使有情生起俗世價值判斷當下的中心，也是解消認知差異，使有情以「諸法無我」的空相，明了外境的中心。這樣的解釋是主張「心」、「意」、「識」三者有分別的綜合論說。

（二）「心」和「心所」是一是二的相關問題討論

　　若大致分別諸部派的主張，主張心、心所別體者有「大眾部」〔註22〕、「法密部」、「化地部」、「分別說部」、「犢子部」〔註23〕等部派，《大毘婆沙論》記載：

> 謂或有執：心、心所法能了自性，如大眾部。彼作是說：智等能了爲自性故，能了自他，如燈能照爲自性故，能照自他；或復有執：心、心所法能了相應，如法密部。彼作是說：慧等能了，相應受等。
> 或復有執：心、心所法能了俱有，如化地部。彼作是說：慧有二種，俱時而生，一相應，二不相應，相應慧知不相應者，不相應慧知相

〔註21〕《阿毘達磨大毘婆沙論》卷72（T27, no. 1545, p. 371, b24～29）。
〔註22〕根據《異部宗輪論》的記載，大眾部對於心、心所法的看法如下：「眼等五識身有染、離染，但取自相，唯無分別。心、心所法體各實有，心及心所定有所緣，自性不與自性相應，心不與心相應，有世間正見，有世間信根。」（T49, no. 2031, p. 16, b19～23）。
〔註23〕印順法師在《唯識學探源》中提到：「從各派的見解看來，大眾、分別說、犢子和有部的正統者，都是心、心所的別體論者，同時相應論者。釋尊的本意，似乎也就在此。」參見釋印順：《唯識學探源》妙雲集中編之三（臺北市：正聞出版社，1992年），頁85。

應者。〔註24〕

根據上文，「大眾部」、「法密部」、「化地部」認爲「心」、「心所」能了自性、能了相應、能了俱有，也就是說「心」、「心所」不僅各具有自己的性質，且可以彼此相應，也可以同時俱起。主張有「心所」者，多半是從「心」、「心所」相應的角度來解釋，若「心」和「心所」可以相應，那「心所」當然必須存在，否則「心」該與何者相應。

相較於上，明確地說出主張「無心所」者，以《成實論》爲代表。《成實論》說：

> 受、想、行等，皆心差別名，如道品中，一念五名。念處、念根、念力、念覺、正念、精進等亦如是。又一無漏慧，而有苦習智等，種種別名，又一定法，亦名爲禪，解脫除入，如是心，一但隨時故，得差別名，故知但是一心。……〔註25〕

> 又若說：「受、想滅則說一切心、心數滅，以諸心數不相離故。」答曰：「不然，汝言勝故獨說，應當說心。所以者何？處處經中說，心爲王，亦是二分煩惱所依，亦以心差別故，名爲受、想，故應說心，又說心則易，是故汝說非也。」〔註26〕

> 如經中說：「是人欲漏心得解脫，有漏無明漏心得解脫。」若別有心數，應說心數得解脫。又經中說，佛若知眾生歡喜心、柔軟心、調和心、堪任得解脫，然後爲說四眞諦法，是中不說心數。〔註27〕

第一、二段說「受」、「想」、「行」只是異名，是相同的概念，且皆是「心」的作用，來說五蘊的作用核心是「心」，而「受」、「想」、「行」都只是「心」緣取外境而產生的種種諸法，「心所」與「受蘊」等同理，只是「心」的展現而已，以此否定「心」之外還有「心所」的存在。第三段則說佛並沒有提到過「心所」，佛說當人想要有漏心得解脫，便可使有漏無明心得解脫，若另有「心所」，佛爲什麼不再「心」得解脫之外，再說「心所」得解脫，可見「心」得解脫則人得解脫，此外並無「心所」。

此外，異於自己所屬的部派，支持心外無心所的有「王山派」和「義成

〔註24〕《阿毘達磨大毘婆沙論》卷9（T27, no. 1545, p. 42, c11〜19）。
〔註25〕《成實論》卷5（T32, no. 1646, p. 274, c21〜p. 275, a10）。
〔註26〕《成實論》卷13（T32, no. 1646, p. 345, a26〜b2）。
〔註27〕《成實論》卷5（T32, no. 1646, p. 274, c21〜p. 275, a10）。

派」等大眾部系。〔註28〕以及有部中的「法救」和「覺天」論師，如《婆沙》中所記：

> 尊者法救作如是言：「諸心、心所是思差別，故世第一法以思爲自性。」
> 尊者覺天作如是説：「諸心、心所體即是心，故世第一法以心爲自性。」
> 彼二尊者作如是言，信等思心，前後各異，無一並用，信等五根，
> 爲等無間。〔註29〕

法救與覺天分別以「思」和「心」作爲第一法，認爲「心所」只是第一法的附屬，本身不具有自體，甚至離開了第一法也不能夠作用。主張心外無心所者，主要認爲不論受、想、行、識都是依著心的作用起現，只是心所展現出來的現象而已，「心所」自然也是，且在原始佛教中，確實也很少提到「心所」這個詞彙，因此，主張無心所者便認爲「心所」是後世自己推論的內容，而非佛陀所說的法。

（三）「心」和「心所」是否相應的相關問題討論

延續前面心所有無的問題，引申出「心」、「心所」是否相應的說法，心與心所相應的說法，在《俱舍論》中有載：

> 謂心、心所皆名有所依，託所依根故；或名有所緣，取所緣境故；
> 或名有行相，即於所緣品類差別等，起行相故；或名相應等和合故，
> 依何義故，名等和合？有五義故：謂心、心所，五義平等，故説相
> 應，所依、所緣、行相、時、事皆平等故。〔註30〕

《俱舍論》從「所依」、「所緣」、「行相」、「時」、「事」平等來說心相應。「所依平等」說「心」、「心所」依同一根生起，若心依眼根，則心所依眼根；而「所緣平等」和「行相平等」則分別說，「心」、「心所」攀緣同一個對象，並且針對此相浮現相同的心像；「時平等」說「心」、「心所」在同一刹那起現；「事平等」則是說「心」作用時，是一個「心王」同一種類的「心所」作用，而不能有兩個以上的「心王」或「心所」。針對最後一項「事平等」，亦有主張廢去而說「四義平等」者。不論四義或五義，主張心相應者，以「心」、「心

〔註28〕水野弘元和勝又俊教均在書中記錄過「王山部」和「義成部」否認心所的主張，兩者皆引巴利藏中《論事》（Kathāvatthu）說明。水野弘元的觀點見《佛教教理研究——水野弘元選集二》，頁344，勝又俊教則見《佛教における心識説の研究》，頁393。

〔註29〕《阿毘達磨大毘婆沙論》卷2（T27, no. 1545, p. 8, c7～11）。

〔註30〕《阿毘達磨俱舍論》卷4（T29, no. 1558, p. 21, c26～p. 22, a3）。

所」緣取外境的特性和方式，以及起現的狀況及時間，來說明「心」、「心所」之間有相應的道理。

　　而主張心外無心所的部派，同時也否定了「心」、「心所」相應說，由於「受」、「想」、「行」等均是心的差別，所以感受、思考等行為，亦是心的作用，因此，說心和心自己的作用相應是很奇怪的事，而且，一心與多個其餘的心俱起，亦是被經部否定的。所以有部等說，心和心所可以共同俱起，且心可和多個心所一起生起，是不可能的事。這樣的說法自然以經部為主，在《大毘婆沙論》和《成實論》中均有記載：

　　　　或有執：「心、心所法，前後而生，非一時起。」如譬喻者，彼作是
　　　　說：「心、心所法，依諸因緣前後而生，譬如商侶涉嶮臨路，一一而
　　　　度，無二並行，心、心所法，亦復如是。」〔註31〕

　　　　無心數法故，心與誰相應？又受等諸相，不得同時，又因果不俱，
　　　　識是想等法因，此法不應一時俱有，故無相應。……又以一身，名
　　　　一眾生，以一了故。若一念中，多心數法，則有多了，有多了故，
　　　　應是多人，此事不可。故一念中，無受等法，又何故六識不一時生。
　　　　〔註32〕

主張無心所認為，「受」、「想」、「行」等雖然看似一起生起，但實際上是一個接這一個接續生起，只是速度很快，所以難以察覺而已。就像走在狹小險隘的路途，商侶必須一個接著一個通過一樣，和「受」、「想」、「行」一樣是次第生起。此外，一個五蘊和合之身是一個眾生，一個眾生只有一心，如果多心俱起，則不只一身，這是不能容許的狀況。因此「心」和「心所」當然是不相應的。

　　部派佛教時期雖已花了很多心力在辯論這些問題，但是「心」、「心所」是否同一，或是否相應等問題仍沒有達到一個共識，因此在大乘唯識學中仍可以看到對於「心」、「心所」不同的主張。

三、瑜伽唯識學派中的心、心所

　　承前所述，與《唯識三十頌》同期的大乘佛教經典，如《瑜伽師地論》、《攝大乘論》、《大乘莊嚴經論》、《辨中邊論》、《大乘阿毗達磨集論》等，或

〔註31〕《阿毘達磨大毘婆沙論》卷16（T27, no. 1545, p. 79, c7～11）。
〔註32〕《成實論》卷5（T32, no. 1646, p. 276, b5～17）。

多或少都有論及心所的問題。

《瑜伽師地論》將心所分成五十三，〔註33〕比《唯識三十頌》多出「邪欲」與「邪勝解」兩個隨煩惱心所，而其別境、徧行、善等分類則與《三十頌》相同。〔註34〕又《瑜伽師地論》說：

> 云何眼識自性？謂依眼了別色……彼助伴者，謂彼俱有相應諸心所有法。所謂作意、觸、受、想、思，及餘眼識俱有相應諸心所有法，又彼諸法同一所緣，非一行相，俱有相應一一而轉，又彼一切各各從自種子而生。

心所法是眼識的助伴，幫助眼根與外境接觸，而能接著觸產生受、想、思等內心反應，又這些助伴的心所有法，與識針對同一境緣取，但非同一行相，心所和識相應，使內心可依這些相應接續產生不同的思考和感受，又心所與識從各自的種子生出。從這些描述中可以看見，心所只是心的助伴，不但與心不同形象也出自不同種子，可見《瑜伽師地論》認為心、心所是二別體。又

> 阿賴耶識名心，何以故？由此識能集聚一切法種子故，於一切時緣執受境，緣不可知一類器境；末那名意，於一切時執我、我所及我慢等，思量為性；餘識名識，謂於境界了別為相。〔註35〕

阿賴耶識稱心，末那稱意，其餘稱識，可見《瑜伽師地論》將「心」、「意」、「識」分開，有不同的解釋和職司範圍。

> 如是三種，有心位中心、意、意識，於一切時俱有而轉。若眼識等轉識不起，彼若起時，應知彼增俱有而轉，如是或時四識俱轉，乃至或時八識俱轉。〔註36〕

這三種「心」、「意」、「識」以「心」為中心而轉，並在一切時中因所處條件不同俱有而轉，有時眼識等前五識不轉，而有時五俱意識加上意識和阿賴耶、末那，八識同時轉動。可見《瑜伽師地論》不僅支持多心說，亦主張心、意、識可以同識俱起。

《大乘阿毘達磨集論》將心所法分作五十五種，其實跟《唯識三十頌》

〔註33〕 《瑜伽師地論》卷3：「於心心所品中，有心可得及五十三心所可得。」（T30, no. 1579, p. 291, a1～2）。

〔註34〕 《瑜伽師地論》卷1（T30, no. 1579, p. 279, b19～23）。

〔註35〕 《瑜伽師地論》卷63（T30, no. 1579, p. 651, b19～23）。

〔註36〕 《瑜伽師地論》卷63（T30, no. 1579, p. 651, b24～27）。

中的五十一種幾乎一模一樣，只是《大乘阿毘達磨集論》將惡見拆分成：「薩迦耶見」、「邊執見」、「邪見」、「見取」、「戒禁取見」〔註37〕，這五種見其實都是「惡見」的分屬，合一或拆開並沒有太大的差別。

《大乘莊嚴經論》中，不稱心所而稱「心光」：

> 種種心光起，如是種種相者。種種心光即是種種事相，或異時起，
> 或同時起。異時起者，謂貪光瞋光等；同時起者，謂信光進光等。
> 光體非體故不得彼法實者，如是染位心數、淨位心數，唯有光相而
> 無光體，是故世尊不說彼爲眞實之法，已說求唯識。〔註38〕

在這段引文中可以看到，「心光」起時可以現事相，而且「心光」即是事相，這些事相，會使人起貪、瞋心，也會使人有對佛法有信，懂得精進。這樣的說法和「心所」幾乎是一樣的意思。又說光體不是一個實體，他只現出一個境相，故不是眞實之法，而是唯識。而《大乘莊嚴經論》提到「心光」的文字除了強調「一切諸義悉是心光」以外，也說「能取及所取，此二唯心光者。」，「不離心光，別有貪等、信等染淨法故。」可見《大乘莊嚴經論》以爲「心所」是「心」的一種呈現，離開「心」外別有「心所」。

至於本論文所研究的對象《唯識三十頌》，因只有頌文，沒有世親作的解釋，因此大多需仰賴後世的注文來理解，其中以《成唯識論》和《唯識三十論釋》爲主。又筆者將「唯識學」和「意義治療學」比對時，發現《成唯識論》主張的心識「四分說」，較能夠引起對話，故在心、心所的相關問題討論中，筆者對《成唯識論》所秉持的觀念較爲贊成。

第二節 《成唯識論》對《唯識三十頌》中心所的解釋

在印度，針對《三十頌》作注的就有十大論師，其中護法及安慧的解釋，具有比較大的影響力。護法的論點，經由玄奘翻譯後爲漢傳佛教界所廣知，而安慧的《唯識三十頌釋論》則傳入西藏爲藏傳佛教所接受。而針對這兩大

〔註37〕《大乘阿毘達磨集論》卷1：「又即此思除受及想，與餘心所法心不相應行，總名行蘊。何等名爲餘心所法：謂作意、觸、欲、勝解、念、三摩地、慧、信、慚、愧、無貪、無瞋、無癡、勤、安、不放逸、捨、不害、貪、瞋、慢、無明、疑、薩迦耶見、邊執見、見取、戒禁取、邪見、忿、恨、覆、惱、嫉、慳、誑、諂、憍、害、無慚、無愧、惛沈、掉舉、不信、懈怠、放逸、忘念、不正知、散亂、睡眠、惡作、尋、伺。」（T31, no. 1605, p. 664, a16～23）。

〔註38〕《大乘莊嚴經論》卷5（T31, no. 1604, p. 613, b22～27）。

系統的近代研究，更是不可勝數。《三十頌》原來由梵文寫成，此版本亦保存
至今，另外護法的《成唯識論》、安慧的《唯識三十頌釋論》分別以漢文及藏
文流傳，故今日針對《唯識三十頌》的研究主要是以這三本著作當作對象。
這三本著作的譯本主要以中文、日文、英文爲主，另有法文及德文等外文翻
譯。《成唯識論》在大正藏中就有漢文版本，以《成唯識論》爲底本研究《三
十頌》的中文研究論著，亦所在多有。故筆者以大正藏中的原文爲主，在不
懂之處詳參其他學者的研究成果，以期對《成唯識論》有系統的解讀。

一、《成唯識論》的心所主張

　　針對前節所述之「心」、「心所」等問題，《成唯識論》當然也有自己的
主張。《成唯識論》將心所分爲五十一種，與世親早年所作《大乘百法明門》
〔註39〕的區分相同，並進一步將心所區分爲「有體法」和「無體法」，至於
如何區分，在下文中會一一提到。「有體法」可在「根」、「境」、「識」三和
時自行生起，而無體法則必須依其他心所分位假立，這樣賦予心所各自性
格，與假、實的思想，很明顯是將每個心所看成一個特殊的存在，而非與心
王同體，若心所與心王同體，那所有心所都應該是假法，是心王的別體，又
何來的實法。依《唯識三十頌》所說：

> 依止根本識，五識隨緣現，或俱或不俱，如濤波依水，意識常現起，
>
> 除生無想天，及無心二定，睡眠與悶絕。〔註40〕

《成唯識論》根據這幾句頌文，繼續解釋道：

> 第七八識行相微細，所藉眾緣一切時有，故無緣礙令總不行；又五
>
> 識身不能思慮，唯外門轉起藉多緣，故斷時多現行時少；第六意識
>
> 自能思慮，內外門轉不藉多緣，唯除五位常能現起，故斷時少現起

〔註39〕《大乘百法明門論》卷1：「第二心所有法，略有五十一種，分爲六位：一遍
　　　　行有五、二別境有五、三善有十一、四煩惱有六、五隨煩惱有二十、六不定
　　　　有四。一遍行五者：一作意、二觸、三受、四想、五思。二別境五者：一欲、
　　　　二勝解、三念、四定、五慧。三善十一者：一信、二精進、三慚、四愧、五
　　　　無貪、六無嗔、七無癡、八輕安、九不放逸、十行捨、十一不害。四煩惱六
　　　　者：一貪、二嗔、三慢、四無明、五疑、六不正見。五隨煩惱二十者：一忿、
　　　　二恨、三惱、四覆、五誑、六諂、七憍、八害、九嫉、十慳、十一無慚、十
　　　　二無愧、十三不信、十四懈怠、十五放逸、十六惛沈、十七掉舉、十八失念、
　　　　十九不正知、二十散亂。六不定四者：一睡眠、二惡作、三尋、四伺。」（T31,
　　　　no. 1614, p. 855, b23～c6）。
〔註40〕《成唯識論》卷7（T31, no. 1585, p. 37, a13～14）。

時多。〔註41〕

認為前五轉識以阿賴耶識為共親依，並外隨徧行心所與所緣境現起活動，因對外緣境的感知有頓有利之故，所以現起的數量並不一定，有時俱起有時不俱。意識雖粗，但較前五識細微，在三和時幾乎都會現起，只在無心位時不現起，至於第七末那與第八阿賴耶識，則因行相微細，在任何時候都持續運轉。可見《成唯識論》主張「心」、「心所」俱有各別體性，並且主張多心說，也就是心識可以同時俱起，只是起現的數量不同。

二、六位五十一心所的定義

以下先就《唯識三十頌》中各類心所做一番整理和定義。《三十頌》將心所分為六位五十一種，分別為：

1.徧行心所	觸、作意、受、想、思
2.別境心所	欲、勝解、念、定、慧
3.善心所	信、慚、愧、無貪、無瞋、無癡、勤、輕安、不放逸、行捨、不害
4.煩惱心所	貪、瞋、癡、慢、疑、惡見
5.隨煩惱心所	忿、恨、覆、惱、嫉、慳、誑、諂、害、憍、無慚、無愧、掉舉、惛沉、不信、懈怠、放逸、失念、散亂、不正知
6.不定心所	悔、眠、尋、伺

至於為何分作這六類，《成唯識論》解釋：

> 雖諸心所名義無異，而有六位種類差別：謂遍行有五、別境亦五、善有十一、煩惱有六、隨煩惱有二十、不定有四，如是六位合五十一。一切心中定可得故，緣別別境而得生故；唯善心中可得生故；性是根本煩惱攝故；唯是煩惱等流性故；於善染等皆不定故。〔註42〕

所有心所依附心王生時，必定要相應的心所稱為「徧行心所」，「徧行心所」常與心王的各種狀態同時生起，所以說「一切心中定可得」。「別境心所」則是緣取特別的境相時才會生起的心所類別。「善心所」是在印定心王為善時出現。「煩惱」及「隨煩惱」都是因根本無明而有的心所性質相同，只是「隨煩惱」是隨「根本煩惱」浮現而生起的煩惱，類似煩惱心所的副作用，因「隨

〔註41〕《成唯識論》卷7（T31, no. 1585, p. 37, a27～b3）。
〔註42〕《成唯識論》卷5（T31, no. 1585, p. 26, c27～p. 27, a4）。

煩惱」依附「煩惱」而生，故除去「煩惱」後即無「隨煩惱」；「不定心所」
則是性質不定的心所，當其生起時，沒有辦法確定爲善、不善，並且在其作
用的過程中可能或善或染，不斷轉變。

（一）徧行心所

　　「徧行心所」是前六識與根、境緣合而生時，常相應的對象，分別爲：
「觸」、「作意」、「受」、「想」、「思」，這五種心所其實是心與境接觸後，心中
產生情感、情緒、記憶、好惡的六個心所。《成唯識論》說：

　　觸謂三和，分別變異，令心、心所觸境爲性，受、想、思等所依爲
　　業。〔註43〕

「觸心所」指的是三和，三和即是「根」、「境」、「識」三者的遇合。因此使
「心」與「境」接觸是「觸心所」的性質，而讓其後的「受」、「想」、「思」
依著所觸之境而生，是「觸」的引發作用，也就是業。「觸心所」可以促使心、
心所同時針對一境而產生，所以「觸心所」是心所作用的開端，使其他心所
可以開啓對這個世界的分別作用。如《成唯識論》所說

　　觸依彼生、令彼和合，故說爲彼。三和合位皆有順生心所功能說名
　　變異。觸似彼起故名分別根，變異力引觸起時，勝彼識境。故集論
　　等但說分別根之變異，和合一切心及心所。〔註44〕

「觸心所」令心接觸境，繼而能使「受」、「想」、「思」，依著「觸」而生起。
在心與境接觸後便起「作意」，「作意」以「警心」〔註45〕爲性，使心識警覺
到外境的存在，並開始針對所緣境探索，進而引發「受」。「受」將心識納入
外境中，並領受外境的順、逆及俱非，由於順逆境會使心識起愛欲、憎恨等
心，故「受」具有「起愛」〔註46〕的業用。

　　接下來的「想」、「思」較有個體自我創造的意味，而不像「觸」、「作意」、
「受」是直接的感受。《成唯識論》說：

　　想謂於境取像爲性，施設種種名言爲業。謂要安立境分齊相，方能
　　隨起種種名言。思謂令心造作爲性，於善品等役心爲業，謂能取境

〔註43〕《成唯識論》卷3（T31, no. 1585, p. 11, b19～20）。
〔註44〕《成唯識論》卷3（T31, no. 1585, p. 11, b21～25）。
〔註45〕《成唯識論》卷3：「作意謂能警心爲性，於所緣境引心爲業。」（T31, no. 1585, p. 11, c6）。
〔註46〕《成唯識論》卷3：「受謂領納順、違、俱非境相爲性，起愛爲業。」（T31, no. 1585, p. 11, c11～12）。

正因等相，驅役自心令造善等。〔註47〕

「想」心所將所緣的境以固定的形象收納或記憶於心識中，並設立特定的「名言」來定義及描述此境，也就是針對此「相」制定形容他的詞彙，以及心識認爲適合他的名字。「思」可促使心識對所緣境做出反應，而針對此境的順逆領受，心識會造出善、不善、無記的業。這與接下來所要論說的善心所、煩惱、隨煩惱心所息息相關，人之所以產生善及煩惱心所，是根、境、識三和時與遍行心所相應而有的。

（二）別境心所

相較於「遍行心所」遍於一切心理作用中，促使各種心識反映，「別境心所」是針對特殊的四種境生起，當前六識心王印定此四境時，心所便依心王、境而生，「別境心所」不能遍於一切心、一切時，只能在心王與此四境相應時出現。「欲」、「勝解」、「念」、分別以「所樂境」、「決定境」、「曾習境」爲緣；「定」、「慧」則以「所觀境」爲緣。

「所樂境」是指令個體感到欣喜的狀況，當此境出現，心所攀緣歡喜而生起希望其一再出現的想望，稱作「欲」，欲心所本生並無善惡之分，唯視「所樂境」的性質決定，若此境爲善，則個體欲求向善，此善欲便可引起「勤心所」〔註48〕，給個體正向的影響，反之「欲心所」與不善境相應，則會對個體產生負面的影響

「決定境」是使有情信其爲眞之境，緣取此境使個體毫不猶豫地認可當下接觸的境相，並以此爲不可動搖的價值觀。此時「勝解心所」便會生起，然而，勝解對個體帶來的影響是正是負，也須看「決定境」的狀況爲何，若印定的眞理與聖教相關，則能協助有情離苦得樂，反之不然。〔註49〕

「曾習境」是指曾經明記的境，也就是前六識於過去世曾經攀緣過的經驗，當心識接觸「曾習境」，而有記憶上的連結或心念的熟悉，則「念」生起，「念」可以使心明記過去，並使個體將曾攀緣的經驗連結再一起，使心念不斷續，故念心所有助於「定」的生起。

〔註47〕《成唯識論》卷3（T31, no. 1585, p. 11, c22～26）。

〔註48〕《成唯識論》卷5：「或說善欲能發正勤，由彼助成一切善事，故論說此勤依爲業。」（T31, no. 1585, p. 28, b7～10）。

〔註49〕《成唯識論》卷5：「云何勝解？於決定境，印持爲性，不可引轉爲業。謂邪、正等教、理證力，於所取境審決印持。」（T31, no. 1585, p. 28, b10～12）。

「所觀境」指個體可感受的一般境，當個體於所觀境中，使心念不散亂，可續接作用不停滯，則「定」心所生，在定中的心識可明晰地決斷，使智慧生起，故定心所可引起「慧」，「慧」可以決斷個體攀緣的所觀境為善抑或惡〔註50〕。

《三十頌》中所言的「勝解」，是指可協助眾生離苦得樂的正確理解，理應是相當重要的心所。但依照根、境、識三和的原理，「勝解」要生起，必要「決定境」出現的同時，有情感受到其殊勝，並同一時間產生信其為真的信念，最終執此信念不散。但是這整個過程中，不可或缺的因素──「決定境」卻是十分抽象的概念，《成論》中沒有特別定義「決定境」，但在安慧的《論釋》中說明「決定境」的理解，有賴於先師的教導，根據經典或是得道者對於正解的紀錄和傳授，來了解何謂「決定境」，並在此境出現時，毫不猶豫的印定為真。

但以唯識的立場來說，不僅器世間的「物」不具有實性，就連「法」亦不能違背三法印、四諦等基本教理。《三十頌》開篇即言：「由假說我法，有種種相轉。」世間種種法，皆以「無我」為出發，縱使有法，也是從假中建立的，有情所認識的主觀自我以及客觀世界，皆是識轉變的成果。在心識的重重流轉下、外境、自我認知等均不具常態，則心識如何在變動的狀態下，印定「決定境」，產生「勝解」則需稍微釐清一下。

別境心所這一類中，另外有「念」、「定」、「慧」三種，可協助「勝解」的生起。「念」可使有情在接觸「曾習境」時，牽引出其記憶和經驗，當有情接觸「決定境」時，這樣的經驗就會被記憶下來，並在下一次又接觸此境時，成為「曾習境」為「念」心所牽引而出，讓有情可以依照曾經認識「決定境」的記憶，進一步針對當下攀緣的「決定境」進入定中，當有情引發「定」心所的生起，則能使心識專注在「決定境」中，保持一心不散的專注力。而「慧」心所的思擇力，促使心識簡擇信念來應對當下的事物，亦能在有情對境時，令其判斷是非，決定此境是否應成為決定境。因此，就算心識常處變動不定的狀態，「念」、「定」、「慧」這三個心所仍可使有情不散亂的簡擇「決定境」，並依心印定的正向影響。由於「勝解」必須依靠「念」、「定」、「慧」之力，才可以真正對有情產生長遠的功效和影響，故「別境心所」這一類，應看做

〔註50〕依《成唯識論》所釋來看，「慧」有善惡之分，然而這裡所指的在「定」中具有簡擇作用的「慧」是包含聞、思、修的善慧。

一個環環相扣的整體，彼此間相互輔助，使有情從其印定的「勝解」開始，走向自己選擇的道路。

（三）善心所

　　心王生時，若與善心所相應，則對個人的解脫和與此個體接觸的他人有所助益，此類心所有十一種：信、慚、愧、無貪、無瞋、無癡、勤、輕安、不放逸、行捨、不害。其中，前八種為有體法，最後的不放逸、行捨、不害為無體法。不放逸及行捨依精進、無貪、無瞋、無癡分位假立，而不害依無瞋分位假立。這十一種善心所，均有對治的煩惱心所：

　　「信」是對治「不信」的善心所，《成論》說「信」在「實」、「德」、「能」三境中可使人信受世間諸法、三寶淨德、出世間善法。「信」可使人「深忍樂欲」，容納接受並樂於信受善法，因此「信」心所最大的作用是使人「心淨」，進而能使清淨心樂於善法。〔註51〕

　　「慚」、「愧」分別對治「無慚」、「無愧」，「慚」是崇重賢善，「愧」是輕拒暴惡，而兩者的業用都是「止息惡行」。〔註52〕只是慚強調尊重善法、賢者，以親近良善的心使人趨向善性排斥惡行；愧強調厭惡惡的力量，依世間眾生因對惡的排斥力，而產生的輿論、道德、規矩等，使人抗拒惡法，並停止惡行。

　　「無貪」、「無瞋」、「無癡」分別對治根本煩惱「貪」、「瞋」、「癡」，由於無明煩惱皆由此出，因此對治三毒的「無貪」、「無瞋」、「無癡」又稱為三善根。《成唯識論》說

> 云何無貪？於有、有具無著為性，對治貪著作善為業。

> 云何無瞋？於苦、苦具無恚為性，對治瞋恚作善為業。善心起時隨緣何境。皆於有等無著無恚。觀有等立非要緣彼。如前慚愧觀善惡立。故此二種俱遍善心。

> 云何無癡？於諸理事明解為性。對治愚癡作善為業。〔註53〕

〔註51〕《成唯識論》卷6：「云何為信？於實、德、能深忍樂欲心淨為性，對治不信，樂善為業。」（T31, no. 1585, p. 29, b22～23）。

〔註52〕《成唯識論》卷6：「云何為慚。？依自法力崇重賢善為性，對治無慚止息惡行為業……云何為愧？依世間力輕拒暴惡為性，對治無愧止息惡行為業。」（T31, no. 1585, p. 29, c13～17）。

〔註53〕《成唯識論》卷6（T31, no. 1585, p. 30, a4～10）。

於三界中的「存在」（有）以及「存在的原因」（有具）沒有貪著，叫做「無貪」；對於苦果和苦因沒有怨恨，叫做「無瞋」。「無貪」和「無瞋」可消解有情對世間物的愛著，或是因不公平的遭遇感到憤恨委屈，使其不被貪、瞋驅使，而能於各種所緣境中均起立善心、行善行。於諸教理可確切的明白，並有清晰的理解，叫做「無癡」，可使有情不執著於非善法，對現前的現象乃至佛教根本教理，可有明透的了悟而促成善行。

「勤」以精進為性，可令人在斷惡修善的途中可以勇往不後退，因此可對治懈怠，使人依善法修行，可以不桎梏於懈怠的心性。〔註54〕

「輕安」是指身心調暢的狀態，使人遠離粗重有負擔的感覺，使身體心理均感到輕適愉快，可以對治惛沈，協助人依止菩提，對修行有增上作用。〔註55〕

「不放逸」對治放逸，與「勤」很相似，不放逸使人在實行善法時能果斷地拒絕惡法的誘惑，使其於修行上可以堅定不搖擺。〔註56〕

「行捨」對治掉舉，行捨使內心處於平靜的狀況，不急功近利，隨意浮動，於禪定、修行有很大的助益。〔註57〕

「不害」對治「害」，對於其他的有情眾生不會升起慍怒的心，而能同理悲憫，不會有想要傷害他人的心理。〔註58〕

（四）煩惱心所

煩惱心所有六：「貪」、「瞋」、「癡」、「慢」、「疑」、「惡見」。六種都是實法。

「貪」、「瞋」、「癡」相對於「無貪」、「無瞋」、「無癡」前已略述，分別是對三界中的有、有具產生染著、對苦產生怨恨、對世間種種事理深信為真，

〔註54〕《成唯識論》卷6：「勤謂精進，於善惡品修斷事中勇悍為性，對治懈怠滿善為業。」（T31, no. 1585, p. 30, a23～29）。

〔註55〕《成唯識論》卷6：「安謂輕安，遠離麁重調暢身心堪任為性，對治惛沈轉依為業。」（T31, no. 1585, p. 30, b5～6）。

〔註56〕《成唯識論》卷6：「不放逸者精進三根，於所斷修防修為性，對治放逸，成滿一切世、出世間善事為業。」（T31, no. 1585, p. 30, b7～9）。

〔註57〕《成唯識論》卷6：「云何行捨？精進三根令心平等、正直、無功用住為性。對治掉舉，靜住為業，謂即四法令心遠離掉舉等障靜住名捨。」（T31, no. 1585, p. 30, b21～24）。

〔註58〕《成唯識論》卷6：「云何不害？於諸有情不為損惱，無瞋為性。能對治害，悲愍為業。」（T31, no. 1585, p. 30, b28～29）。

使人無明不見。而「癡」即是無明〔註59〕，也是一切煩惱的源頭。

「慢」是「恃己於他，高舉為性，能障不慢，生苦為業。」〔註60〕認為自己較他人優越，使自己高於他人而輕慢他者，《成論》中說慢還分作七種，〔註61〕除了以己為殊勝之外，亦有誤以為自己已證得尚未證得的果德，或本身無德而說自己有德的增上慢、邪慢等，故慢使有情於誤解中生苦，而於苦中持續輪迴。

「疑」是對於四諦等根本教理，乃至其餘諸法、真理猶豫不定，不能相信，故使善品不生。〔註62〕

「惡見」的功能是「推度」，「推度」也是慧心所的功能，但這裡的惡見是推度相反的諦理，所以說「染慧為性」，讓善見不生，使人以顛倒的教理行事，而遭致苦果。惡見分作五種：「薩迦耶見」、「邊執見」、「邪見」、「見取見」、「戒禁取見」。〔註63〕「薩迦耶見」是以五蘊和合之身為實有，以為自己所觸所覺是真實且可以為我所擁有，而起我見、我執；「邊執見」以為生命為常、死後斷滅，不信輪迴、有情相續的想法；「邪見」是不信因果，以為行善惡無業報，以惡為善或以善為惡；「見取見」是以為前三種見是正卻得見解，並執著以五蘊為真；「戒禁取見」是以為自己所受的戒律是最殊勝的，並執著於苦修、受戒等梵行就是唯一的解脫之道，而放不下對外在戒律遵守的心，以致無法了得涅槃的真義。

（五）隨煩惱心所

「隨煩惱」是依附或相對於「煩惱心所」而生的，其中因「貪心所」生起而依附其出現作用的有：「慳」、「憍」；依「瞋」者有：「忿」、「恨」、「惱」、「嫉」、「害」；依「貪、癡」者有：「覆」、「誑」、「諂」。這十種隨煩惱依根本

〔註59〕《成唯識論》卷4在解釋與末那識相應的四根本煩惱時說：「我癡者謂無明。愚於我相迷無我理，故名我癡。」（T31, no. 1585, p. 22, a28～29）因癡使人迷於「我」為一真實相，而認為「我」所知覺及條理的世界是真實不虛的，故使「我」被遮障因而無明。

〔註60〕《成唯識論》卷6（T31, no. 1585, p. 31, b26～27）。

〔註61〕李潤生於《唯識三十頌導讀》中有條列七種慢並解釋之。（新北市：全佛文化，2011年11月修訂一版），頁240。

〔註62〕《成唯識論》卷6：「云何為疑？於諸諦理，猶豫為性。能障不疑，善品為業。」（T31, no. 1585, p. 31, c2～3）。

〔註63〕《成唯識論》卷6：「云何惡見？於諸諦理，顛倒推度，染慧為性。能障善見，招苦為業。」（T31, no. 1585, p. 31, c11～12）。

煩惱分位假立，為小隨煩惱，本身沒有自體，只在「貪、瞋、癡」生起時，依狀況不同，隨順三毒而生。

其餘「無慚」、「無愧」、「掉舉」、「惛沉」、「不信」、「懈怠」、「散亂」。均是有自性作用的「有體法」，也就是不必依靠其他不善心生起，具有自性及業用的心所。有體法中的「無慚」、「無愧」稱作「中隨煩惱」，其餘有體法及「放逸」、「失念」、「不正知」稱作「大隨煩惱」。茲整理於下：

（1）小隨煩惱：忿、恨、覆、惱、嫉、慳、誑、諂、害、憍。

（2）中隨煩惱：無慚、無愧。

（3）大隨煩惱：掉舉、惛沉、不信、懈怠、放逸、失念、散亂、不正知。

《成唯識論》說：

> 謂忿等十各別起，故名小隨煩惱；無慚等二遍不善，故名中隨煩惱；
> 掉舉等八遍染心，故名大隨煩惱。〔註64〕

「忿」、「恨」等十種小隨煩惱可以獨自生起，不一定需隨著特定的不善心或染心；「無慚」、「無愧」周遍於不善心生起，當不善心生時，無慚、無愧便相應而生；其餘大隨煩惱則隨一切染心也就是有覆心生起。

1. 小隨煩惱

「慳」是貪著自己的錢財和知識，不願意給予，並鄙視他人，積蓄自己的財產和秘密；〔註65〕「憍」是對於自己的優越條件貪著，產生高傲的心理。〔註66〕兩者有些相似，但「慳」強調積蓄吝嗇的心理，而「憍」強調自我陶醉乃至驕傲。

「忿」、「恨」、「惱」都是緣「不饒益境」的心所，在面對令人不悅的境界時，此心所依附瞋而立，「忿」使心情激動，充滿憤怒，並引起個體欲以惡言、暴行對待他人的舉動；「恨」是忿更深入的作用，對此不悅境，不僅有直接的憤怒，還懷恨不捨，與之結怨；「惱」則是於忿、恨之後，更加深化的表現，追憶不悅境時，於內心引發暴怒、凶狠的心理，可促使人如蛆、螫般囓咬，在言語或動作上攻擊他人。〔註67〕

〔註64〕《成唯識論》卷6（T31, no. 1585, p. 33, b6～8）。

〔註65〕《成唯識論》卷6：「云何為慳？耽著財法，不能慧捨，祕悋為性。能障不慳，鄙畜為業。」（T31, no. 1585, p. 33, c1）。

〔註66〕《成唯識論》卷6：「云何為憍？於自盛事，深生染著，醉傲為性。能障不憍，染依為業。」（T31, no. 1585, p. 33, c16～18）。

〔註67〕《成唯識論》卷6：「云何為忿？依對現前不饒益境，憤發為性。能障不忿，

「覆」為維護自己的利益，而欲掩飾自己曾有的過失；〔註68〕「誑」是未獲得利益或名聲，將無德的行為假稱有德，詭詐地欺騙他人；〔註69〕「諂」是為取悅他人，矯飾自己，以不誠實的言語及行為曲順他人。〔註70〕這三者都與獲得私利或名譽相關，故與貪心所相關，又與前述「慳」、「憍」不同的是，「覆」、「誑」、「諂」除了心裡的感受，亦有實際作為，因此除了對名利的貪著外，更不能明白此貪著的原因，而用不正確的方法試圖解決問題，故為「貪、癡」的分位假立。

2. 中隨煩惱

與前文所述的「慚」、「愧」相反，「無慚」、「無愧」分別為「輕拒賢善」、「崇重暴惡」有助於惡行的滋長。〔註71〕兩者都有有自己的體性，為有體法。

3. 大隨煩惱

「大隨煩惱」周遍於一切染心生起，是生起的限制條件最少的，影響的範圍也最大，其中「掉舉」、「惛沉」、「散亂」都是影響心識清明的心所，「掉舉」使心識與所緣境接觸時不能保持平靜，躁動不安，無法針對緣取之境生起定念，障礙「行捨」和「止」；〔註72〕「惛沉」則令心沉重昏暗不明，心識行動沉重緩慢難以活動，使「輕安」無法生起；〔註73〕「散亂」使心識緣取

執仗為業。……云何為恨？由忿為先，懷惡不捨結怨為性。能障不恨，熱惱為業……云何為惱？忿恨為先，追觸暴熱，狠戾為性。能障不惱，蛆螫為業。」（T31, no. 1585, p. 33, b8～15）。

〔註68〕《成唯識論》卷6：「云何為覆？於自作罪恐失利譽，隱藏為性。能障不覆，悔惱為業。謂覆罪者後必悔惱，不安隱故。」（T31, no. 1585, p. 33, b15～17）。

〔註69〕《成唯識論》卷6：「云何為誑？為獲利譽，矯現有德，詭詐為性。能障不誑，邪命為業。謂矯誑者心懷異謀，多現不實邪命事故。」（T31, no. 1585, p. 33, c4～7）。

〔註70〕《成唯識論》卷6：「云何為諂？為網他故，矯設異儀，險曲為性。能障不諂，教誨為業。謂諂曲者為網帽他，曲順時宜、矯設方便，為取他意或藏己失，不任師友正教誨故。」（T31, no. 1585, p. 33, c8～12）。

〔註71〕《成唯識論》卷6：「云何無慚？不顧自法，輕拒賢善為性，能障礙慚，生長惡行為業。……云何無愧，不顧世間，崇重暴惡為性，能障礙愧，生長惡行為業。」（T31, no. 1585, p. 33, c19～24）。

〔註72〕《成唯識論》卷6：「云何掉舉？令心於境不寂靜為性，能障行捨，奢摩他（止）為業。」（T31, no. 1585, p. 34, a7～8）。

〔註73〕《成唯識論》卷6：「云何惛沉？令心於境無堪任為性，能障輕安，毘鉢舍那（觀）為業。」（T31, no. 1585, p. 34, a19～20）。

境時放蕩散逸，於所取境集中專注，也令個體不確定現在所取的境是什麼行相，令心識迷茫，「惡慧」可依此產生。〔註74〕三者均障礙心情的平和，令個體處於不安的狀態，因此障礙善心所中需要集中心念，屹立不搖的「念」、「定」、「慧」等等。

「不信」使「信」不生，令人對實、德、能三境不能淨信，進而影響人對於各種問題不能依正確的善念解決，而造各種業，障礙善法生起。〔註75〕

「懈怠」以懶惰為自性，障礙人精進的心理，使人在防染修淨中，不進反退，不能奮勇不懈，障礙「勤」生起。〔註76〕

「放逸」、「失念」、「不正知」是大隨煩惱中的無體法。依貪、瞋、癡和懈怠四心所分位假立為「放逸」，是放蕩心志，不能約束自己防止染污心，修清淨心，會使個體增加惡業損害善業；依念、癡的分位假立為「失念」，是對於曾經緣取的境不能明記，使個體不能體會何者為善，何者為惡，能障礙正念的生起，使內心散亂無所依歸；〔註77〕依癡和慧分位假立者為「不正知」，當慧與癡相應時，心識簡擇錯誤的理解為真，即障礙正確知見的產生，使人毀謗賢、善。〔註78〕

（六）不定心所

「不定心所」有四種，分別為：「悔」、「眠」、「尋」、「伺」。不定是指（1）善、染不定，也就是此種心所生起時不一定與善或煩惱心所相應，他的性格不定，端看現起時的狀況。（2）不定心所不像偏行心所一樣，在所有心王中均可生起，他只和某些或特定的心王相應。（3）不像別境心所般可以在一切地中生起，他只能對應部分的境地。〔註79〕

〔註74〕《成唯識論》卷6：「云何散亂？於諸所緣令心流蕩為性，能障正定，惡慧所依為業，謂散亂者發惡慧故。」（T31, no. 1585, p. 34, b28～c1）。

〔註75〕《成唯識論》卷6：「云何不信？於實、德、能不忍樂欲，心穢為性，能障淨信，惰依為業。謂不信者多懈怠故。」（T31, no. 1585, p. 34, b4～6）。

〔註76〕《成唯識論》卷6：「云何懈怠？於善惡品修斷事中，懶惰為性，能障精進，增染為業。謂懈怠者滋長染故，於諸染事而策勤者亦名懈怠，退善法故。」（T31, no. 1585, p. 34, b11～14）。

〔註77〕《成唯識論》卷6：「云何放逸？於染淨品不能防修，縱蕩為性，障不放逸，增惡損善，所依為業。……云何失念？於諸所緣，不能明記為性，能障正念，散亂所依為業。謂失念者心散亂故。」（T31, no. 1585, p. 34, b17～24）。

〔註78〕《成唯識論》卷6：「云何不正知，於所觀境謬解為性，能障正知，毀犯為業。謂不正知者多所毀犯故。」（T31, no. 1585, p. 34, c14～16）。

〔註79〕《成唯識論》卷7：「悔眠尋伺於善染等皆不定故，非如觸等定遍心故，非如

　　頌文中的「二各二」護法及安慧都解作前二「悔眠」爲一組，後二「尋伺」爲一組，且「悔、眠、尋、伺」都具有「染」與「淨」兩種性格，因此不能確定這四種心所的善惡，故稱作「不定」。

　　「悔」是對自己先前所作的惡業起悔恨之心，但這樣的心所是在惡業已作後生起，與「慚、愧」不同，這樣的心所會擾動內心平靜，使心不能止息。「眠」是睡眠的狀態，令身心不能爲自己管束，雖前五識在此時不能作用，但進入夢境時，第六識仍會現起，「眠」這一心所便在此時與第六識相應而生。此二者是有體法。

　　「尋」、「伺」都是推求的意思，是一內心的尋求活動，只是「尋」是比較粗的心思，而「伺」較細微。「尋」、「伺」都可以人針對當下的問題循序推求，尋以「麁轉爲性」，「伺」以「細轉爲性」前者使人易做出粗略的決定，而後者使人進入細緻的思考，兩者都會迫使內心進入被逼迫、思考快速運轉的狀態。依所推求的事理不同，可使身心安樂和不安，這兩者都沒有自體，是「思」、「慧」的分位假立。〔註80〕

三、心所的假實之分

　　諸心所中分有體及無體法，有體者就是所謂的「實法」，而無體者則是「假法」，關於假實如何分別，《成唯識論》在解釋依他起性時說：

> 依他起性有實有假，聚集、相續、分位性故說爲假有。心、心所、色從
> 緣生，故說爲實有。若無實法，假法亦無，假依實因而施設故。〔註81〕

原本所有法均是由假來說，法是方便虛設，不具有恆常不變的主體。所以說實際上並沒有所謂的「實法」，這裡所說的假、實只是一種爲方便而假說的分類而已。從上面的引文中可以看到，依緣起而生的是實法，而依靠實法聚集、相續、分位的是「假法」。「實法」具有「不可分」的特性，因此具有自己的體性，但是「假法」必須依「實法」而立，如果沒有「實法」則沒有「假法」，因此不具有自己的體性。〔註82〕是故，在心所思想中，「忿、恨、惱」等心所

　　欲等定遍地故，立不定名。」（T31, no. 1585, p. 35, c9～11）。

〔註80〕《成唯識論》卷7：「尋謂尋求，令心怱遽，於意、言境麁轉爲性；伺謂伺察，令心怱遽，於意、言境細轉爲性。此二俱以安、不安住身心分位所依爲業，並用思慧一分爲體。於意、言境不深推度，及深推度義類別故，若離思慧，尋、伺二種體類差別不可得故。」（T31, no. 1585, p. 35, c28～p. 36, a5）。

〔註81〕《成唯識論》卷8（T31, no. 1585, p. 47, c9～12）。

〔註82〕熊十力：《佛家名相通釋》（臺北市：明文書局，1994年8月），頁49～50。

依「瞋心所」假立的，則「瞋」是實法而「忿、恨、惱」是「假法」，要對治「忿、恨、惱」只要去除「瞋」，則隨煩惱會因所依的心所消失而自動消失。《成唯識論》便依此細分心所的主從，並從主從中研討根治煩惱的對症藥方。有關《成唯識論》針對心所假實的分類，茲整理如下：

	有體法（實法）	無體法（假法）
徧行心所：	觸、作意、受、想、思	
別境心所：	欲、勝解、念、定、慧	
善心所：	信、慚、愧、無貪、無瞋、無癡、勤、輕安	不放逸、行捨、不害
煩惱心所：	貪、瞋、癡、慢、疑、惡見	
隨煩惱心所：	無慚、無愧、不信、懈怠、惛沈、掉舉、散亂	忿、恨、覆、惱、嫉、慳、誑、諂、害、憍、失念、放逸、不正知
不定心所：	悔、眠	尋、伺

「徧行」指的是心識和外境接觸一層層變化；「別境」則指心識對特定境相的反應而言，均具有自己的特性，因此都列作「實法」；另外，《成唯識論》將與根本煩惱相關者，也都分作「實法」，如善心所中的「無貪」、「無瞋」、「無癡」及「六根本煩惱」；與相信正理，與實行正理有直接相關的也是「實法」，如「信」、「慚」、「愧」、「勤」、「輕安」和與之相對的「不信」、「無慚」、「無愧」、「懈怠」；不定心所中的「悔」是心識追悔過去所造的惡，「眠」則是心識在睡眠時的作用，兩者都是實法。

而「無體法」方面，善心所的「不放逸」、「行捨」需要建立在放下對事物的「貪、瞋、癡」，又生起「勤心所」於修善斷惡之事奮勇不懈時才會生起。而「不害」是「無瞋」的善根作用，於「無瞋」生起時，產生對眾生的慈悲，以致不願侵害其他有情生命，故此三者爲「假法」；隨煩惱中的「忿」、「恨」、「覆」、「惱」、「嫉」、「慳」、「誑」、「諂」、「害」、「憍」都是「瞋」或「貪」這兩個根本煩惱的不同表現，故爲「無體」。「放逸」相對於「不放逸」而言，一樣和「貪、瞋、癡」跟「懈怠」相關，是爲「無體法」；「不定心所」中的「尋」、「伺」都是推敲的作用，必須在「思」、「慧」生起時才會出現，亦爲「無體法」。

以上幾種都是分類較無爭議的心所，除上所列以外，「惛沈」、「掉舉」、「散

亂」、「失念」、「不正知」的分類就有比較多種的說法。《成唯識論》說：

> 如是二十隨煩惱中，小十大三定是假有，無慚、無愧、不信、懈怠
> 定是實有，教理成故。掉舉、惛沈，散亂三種，有義是假，有義是
> 實。〔註83〕

二十隨煩惱中，十個小隨煩惱，以及大隨中的「忘念」、「放逸」、「不正知」
三個爲假有，「無慚」、「無愧」、「不信」、「懈怠」是實有，這是經過教理認可，
沒有爭議的。但針對「掉舉」、「惛沈」、「散亂」三種，有分作假法、實法兩
種不同看法。針對這三個心所，安慧和護法的解釋與假實的分類也大有不同，
護法將「惛沈」、「掉舉」、「散亂」都分在實法中，而安慧則認爲「惛沉」是
「癡」的一分，沒有自體；「掉舉」使人因爲追憶過去的樂境，使心不寂靜，
爲「貪」的假立；「散亂」則是因「貪、瞋、癡」擾亂使心由安靜的狀態，向
貪心、瞋心、癡心流散，因此爲「貪、瞋、癡」的一分。

除此之外，「失念」和「不正知」這兩個心所也有不同的說法，護法將「失
念」分作「念」與「癡」分位假立；「不正知」分作「慧」和「癡」的分位假
立，但安慧則以「失念」爲「念」之一分，「不正知」爲「慧」之一分，都去
掉了「癡」。然而「失念」是心識和「曾習境」接觸時，不能明記，使前後的
意念不能相續，不能喚起舊習記憶，因此無法由「念」引起「定」的產生，
與「癡」似乎沒有直接的相關。「不正知」則與「慧」相關，心識與「所觀境」
接觸時，於此「所觀境」上不能簡擇善法，反而推求惡法，「慧」本來就不定
善惡，端看相應時心王狀態來決定，「不正知」即是「慧」與不善相應的結果，
而這個不善，應就是護法所說的「癡」。

第三節　安慧及護法注解《唯識三十頌》的異同

「識轉變」的概念可以說是世親晚期的思想，亦是其創發，在世親之前，
「識轉變」並不是一個專有的名相，在其他佛教經典中也不曾強調過。藉由
「識轉變」的提出，世親更完整的詮釋了心物關係，並確立八識的模型，及
之間的運作模式，透過這樣新的定義，「識轉變」使得「萬法唯識」的義理，
越加的精細。〔註84〕

〔註83〕《成唯識論》卷6（T31, no. 1585, p. 34, c27～29）。
〔註84〕蔡瑞霖於其文中曾列舉過世親中晚期的思想特色，並將「識轉變」的提出歸

　　《成唯識論》所傳的內容，大多是護法對《三十頌》的解讀，因此以其解釋作爲護法對「識轉變」的理解。安慧的《論釋》雖在漢傳佛教中不盛行，然而西方及日本學界的佛學研究學者，大多認爲安慧的注較接近世親的原意，因其理解的「識轉變」與《唯識三十頌》中所說較爲相似。以下便先就《唯識三十頌》所提的「識轉變」探討，並檢視護法及安慧兩注家如何理解「識轉變」。

一、何謂「識轉變」

　　《唯識三十頌》中，僅有第一、十七、十八頌提及「識轉變」，

　　　　由假說我法，有種種相轉，彼依識所變，此能變唯三。（第一頌）

　　　　是諸識轉變，分別所分別，由此彼皆無，故一切唯識。（第十七頌）

　　　　由一切種識，如是如是變，以展轉力故，彼彼分別生。（第十八頌）

但「識轉變」卻又是《三十頌》中極重要的概念，故引發後人多方解釋。安慧和護法均在第一頌的釋文中就解釋了識轉變的方式和意義。以下分別論述。

（一）護法解釋的「識轉變」

　　護法在解釋第一頌時就點明了以「見、相二分」作爲「能緣」和「所緣」的說法，並以此解釋「內境變似外境」，有情如何以主觀得自我創造出假有的外境，並執持之，以假爲眞。在第一頌的注語中，護法解釋道：

　　　　識謂了別，此中識言亦攝心所，定相應故。變謂識體轉似二分，相、
　　　　見俱依自證起故。依斯二分施設我法，彼二離此無所依故。或復內
　　　　識轉似外境，我法分別熏習力故。諸識生時變似我法，此我法相雖
　　　　在內識，而由分別似外境現。諸有情類無始時來，緣此執爲實我、
　　　　實法，如患夢者患夢力故，心似種種外境相現，緣此執爲實有外境。

　　　　愚夫所計實我、實法都無所有，但隨妄情而施設故說之爲假。〔註85〕

護法以爲「識轉變」的方式，是「識」分化爲「見分」、「相分」，「相分」爲客觀的現象世界，「見分」爲主觀的自我，而見相二分都依著自證分也就是「識」起現，故護法所理解的「識轉變」帶有分化的意思。

　　　　類於世親晚期的思想。參見：〈世親「識轉變」與胡塞爾「建構性」的對比研
　　　　究——關於唯識學時間意識的現象學考察〉《國際佛學研究》創刊號（臺北市：
　　　　國際佛學研究中心，1991 年 12 月），頁 147～184。
〔註85〕 《成唯識論》（T31, no. 1585, p. 1, a28～b8）。

　　我、法均由此二分所施設的緣故，識分化出相分、見分使自我的主觀可以執外在的客觀爲眞，並分別外在事物不同的性質、顏色、大小……，並同時認爲這樣的區分是眞實的。因此，雖然我、法都由識所建造，不是外在實有的，然而「見分」執持「相分」爲眞，內識誤以爲外識爲眞實存在，也就是這樣的誤解，使人如在夢中，以爲夢中的種種都是眞的。

（二）安慧解釋的「識轉變」

　　安慧的《論釋》只以梵文和藏文流傳，筆者礙於語言能力不足，只能多參閱前賢的翻譯以及研究著作，無法直接閱讀原文。筆者便依靠所收集到的《論釋》譯本，來理解安慧對於《唯識三十頌》的注釋。中譯有霍韜晦《安慧三十唯識釋原點譯註》〔註86〕、吳汝鈞《唯識現象學2：安慧》〔註87〕；日譯有寺本婉雅《梵藏漢和四譯對照唯識三十論疏》〔註88〕、宇井伯壽《安慧護法唯識三十頌釋論》〔註89〕。

　　這幾本著作，對於第一頌中「識轉變」（vijñāna pari āma）之解釋雖略有文字上的差異，但意思大致相同。安慧不似護法將轉變解爲分化，他認爲識轉變即是「因」滅去的同時，有與「因」不同的「果」生出，是以「識」在這一滅一生中轉化。〔註90〕安慧在解釋「識轉變」時所強調的是：（1）轉變主要的作用是變異，而不是護法所說的分化。（2）「因」、「果」是完全不一樣的自體。（3）理論上「因」刹那滅去後，「果」才生出。在安慧的解釋中，前兩點的說法是很明確的，但是針對第三點，許多日本學者有不同的見解。有

〔註86〕霍韜晦：《安慧三十唯識釋原點譯註》（香港：中文大學出版社，1980 年初版），頁 19。
〔註87〕吳汝鈞：《唯識現象學 2：安慧》（臺北：台灣學生書局，2002 初版），頁 6。
〔註88〕寺本婉雅：《梵藏漢和四譯對照唯識三十論疏》（東京都：国書刊行会，1977年初版）。
〔註89〕宇井伯壽：《安慧護法唯識三十頌釋論》（東京：岩波書店，1990 年）。
〔註90〕霍韜晦：「轉化即以變異爲性，在因刹那滅的同時，成就與因刹那相異的果體。」同註 86，頁 19；吳汝鈞：「轉變即是在因的刹那滅去的同時，有與它相異的果得到自體生起。」同註 87，頁 6；寺本婉雅：「轉變と云ふは何ぞや、異（性）に轉變すろの（意）にして、因の刹那に滅すろと同時に（起り、又）因の刹那と不同なろ果が自體をすろとは得（即ちこれ）轉變なり。」（云何轉變？轉變就是變異，在因刹那滅的停時，與之不同的果得到自體生出。）同註 88，頁 8；宇井伯壽：「即ち、轉變は因の刹那が滅したと同時に、果が、因の刹那とは異なちて、生ずろとであろ。」（轉變意味著因刹那已滅的同時，果異於因之刹那而生。）同註 89，頁 6。

主張「因滅」和「果生」有前後之分，亦有主張「因滅」即「果生」，中間沒有時間的分隔，因此分成「同時因果」和「異時因果」。主張「異時因果」者以上田義文爲代表，主張「同時因果」者則有長尾雅人、橫山紘一、平川彰。

上田義文以爲安慧所說的識轉變是指：現在刹那的識，異於前一個刹那的識，以時間的相異分別識的變異，因此，因果的滅去和生起，應做異時解；〔註91〕長尾雅人以爲轉變具有三種特質：（1）因滅和果生並不是次第移動而是同時發生。（2）雖言同時，但因相必異於果相，否則不可以說是轉變。（3）果相相對於因相得到自體生出。從以上的特性看來，「同時」、「異相」此二特質，應作爲「轉變」這個動詞的副詞形容詞。〔註92〕

橫山紘一的想法和長尾雅人類似，以爲「轉變」的「轉」是因果相續的「緣起義」，而未必是「變異性」，前一刹那的識是後一刹那識的「等無間緣」〔註93〕。阿賴耶識的認知有「階層性、空間性、力學性」的構造，「種子生現行」、「現行薰種子」、「潛藏的種子生種子」這三個種因果轉變，都應該是同時發生的，認爲「刹那生滅法」的「刹那」義不具有前後兩個時間轉移，而是「即」的意思，並以「知覺一枝鉛筆」爲例，每一個瞬間新的心產生又滅去，有情透過每一個生滅的相續活動，才可以知覺到眼前的事物。〔註94〕這裡的生滅，並不特別指前面滅去的後面才生起，而是一種不斷的動作。

二、「因能變」和「果能變」

識的能變義又分作兩種，一爲「因能變」，一爲「果能變」，《成唯識論》對「因能變」和「果能變」的解釋如下：

> 能變有二種：一因能變，謂第八識中等流、異熟二因習氣。等流習氣由七識中善惡無記，薰令生長；異熟習氣由六識中有漏善惡、薰令生長。二果能變，謂前二種習氣力故，有八識生現種種相，等流習氣爲因緣故，八識體相差別而生，名等流果，果似因故，異熟習

〔註91〕上田義文：《梵文唯識三十頌の解明》（東京：第三文明社，1987年9月），頁41。

〔註92〕長尾雅人：〈安慧の識轉變說について〉《中觀と唯識》（東京：岩波書店，1978年），頁347。

〔註93〕橫山紘一：〈世親の識轉變〉收於《講座大乘佛教8：唯識思想》（東京：春秋社，1981～1986年）。

〔註94〕橫山紘一：《唯識の哲學》（京都：平樂寺書店，1979年初版，1988年四刷），頁106～108。

氣爲增上緣，感第八識，酬引業力，恒相續故，立異熟名，感前六
識酬滿業者，從異熟起，名異熟生。不名異熟，有間斷故，即前異
熟，及異熟生，名異熟果，果異因故。〔註95〕

異熟、思量、了境這三類識都可以稱作能變，是因爲這三類識都具有兩種能
變義，分別是「因能變」和「果能變」。先說「因能變」是指第八識中因等流
習氣和異熟習氣的作用，使得含藏在阿賴耶識中的種子生長，並生現行果法。
等流習氣是因前七識裡的善、惡、無記現行，熏習第八識，使得八識田中無
始以來含藏的種子，因此習氣生長，亦或生出新的種子；異熟習氣是因前六
識中有漏的善、惡現行，熏習第八識，使得八識田中無始以來含藏的種子，
因此習氣生長，亦或生出新的種子。

再說「果能變」，八識由等流、異熟兩種習氣的作用力，分化出見分、相
分，並由見分執取相分，使得種種相狀可以顯現。這兩種習氣是因能變之果，
但是果能變之因，因果雖然相似當是兩者不一樣。以等流習氣爲因所生的果，
因爲八識中善、惡、無記不定，使見分緣取相分時，產生出千萬種不同的果
法，成爲等流果。異熟習氣主要作爲因緣生果的增上緣，主要可生兩種有兩
種生果的功能，分別是「酬引業力」和「酬滿業者」，「酬引業力」主要針對
阿賴耶識言，在有情生命中終結時，酬答一生所作諸業，並酬引來生應得的
五趣報果；「酬滿業者」則針對前六識而言，在有情的生命中酬答前六識所作
的善、惡、無記業果，酬引其應當承受的果報。「酬滿業者」因爲是間斷生起，
所以叫作「異熟生」而不叫作「異熟」。但是「酬引業力」卻是「恆轉如瀑流」，
從無始以來不斷地作用，因此名「異熟」，不論是「酬滿業者」還是「酬引業
力」所引發的果法都稱作「異熟果」。

安慧對「因能變」和「果能變」的解釋如下：

此（識轉變）又有因性與果性的不同。此中因（性）轉化，即是阿賴
耶識中異熟（習氣）和等流習氣的增長。果（性）轉化，則是在宿業
牽引圓滿時，由於異熟習氣的活動，使阿賴耶識自餘眾同分中生；復
由於等流習氣的活動，使諸轉識及染污意亦自阿賴耶識中（差別而）
生。此中善、不善轉識，向阿賴耶識存放異熟習氣及等流習氣；無記
（轉識）和染污意，則祇（向阿賴耶識）存放等流習氣。〔註96〕

〔註95〕《成唯識論》卷2（T31, no. 1585, p. 7, c1～11）。
〔註96〕本段文字爲霍韜晦據法人萊維校勘之《唯識論疏》中譯，參見：註86，頁35。

從安慧的解釋中，可以看見他也贊同「因轉變」牽涉阿賴耶識中的「等流」和「異熟」兩習氣的作用，只是護法說等流、異熟二習氣使阿賴耶中的種子生長，但安慧卻說等流、異熟兩習氣熏習增長，兩者略有不同。針對「果能變」，安慧的解釋專注在「宿業牽引圓滿」時，與護法的「酬引業力」所論的範圍相似，而較沒有提到有情前六識的酬答和酬引。

上田義文以為護法和安慧兩系的最大差異，在於因護法一系將「異熟」、「等流」的作用力和見、相分說合在一起，來說明有情所認知的種種相狀，為「八識現行」之故，所以「果能變」的「變」具有「變現」、「轉變」的義。但是安慧一系的解釋則以為，等流習氣的活動，可使轉識和染污意自阿賴耶識中生，是採「七識現行」的說法。此外，護法在解釋「果能變」時，特別說到等流習氣是八是現行的「因緣」，而異熟習氣是八識現行的「增上緣」，安慧的解釋則沒有特別連結四緣的觀點。〔註97〕

三、《唯識三十論釋》和《成唯識論》對心所解釋的差異

安慧在解釋第三能變也就是心所時，與護法有些許差異，有一些是解釋方向上的不同，一些是重點的不同，也有細緻程度的不同，除了第二節最後提到的掉舉、惛沈、散亂、失念、不正知的分類不同之外，以下亦有護法和安慧針對同一心所的解釋差異較大的列舉：

1. 信：護法是扣緊「實」、「德」、「能」三個面向來說信，有點類似列舉修行的方式。但安慧是說信是對「業」、「果」、「三寶」的信受，而信任此此真理所引發的心理有三種，分別是：（1）對有德或無德的的實事，有信受的行相。（2）對有德的實事有清淨行相。（3）對有能證得滅諦及生起道諦的實事，有願望行相。〔註98〕相較於護法，安慧比較注重「信」的效能，但兩者最後都歸結到：使身心得到淨化的信的最終功用。

2. 輕安：勝又俊教曾討論過安慧主張前五識中沒有輕安，而護法主張有的問題。安慧以為前五識自性散動，無法集中，自然無法消除心靈的粗重，當然沒有輕安；而護法卻以為前五識亦可令善法生起，善法生起時身心調暢，亦算是輕安。〔註99〕其實安慧和護法雖然都在解釋輕安時，都說是使身心調

〔註97〕同註91，頁38～41。
〔註98〕同註88，頁65；同註89，頁63～64；同註86，頁80～81。
〔註99〕勝又俊教：《佛教における心識說の研究》，（東京：山喜房佛書林，1974年），頁46～47。

暢的心所。然而安慧在解說輕安其實偏重於心輕安，也就是禪定中，解除粗重的狀態，而因心靈獲得了解脫，因此也連帶地讓身體感到輕安。〔註100〕

3. 勝解：護法解釋「勝解」是將其當作印定決定境的心所，對於解脫不一定有增上作用，端看有情所印定的決定境是否與真實理解相關。但是安慧將勝解看作正面的心所，指印證殊勝的法理，專門針對聖教、正理、般若智慧來說，如四諦、八正道等，當心王印定此境為真，當念執持、無有猶豫，並不為其教理所動搖時，即生「勝解」。〔註101〕

4. 慚、愧：安慧將慚、愧都解釋作抑制惡行的心理作用，兩者的解釋很類似，都是說個人對於自己想作為的惡行感到不恰當、羞恥，但是安慧在慚的解釋中，比較強調個人恥於自己的罪過，擔心受到賢人的批評，而在愧的解釋中則強調擔心自己行惡時會受到「世間力」的批判和仲裁，而對欲行惡的心感到不安，便不會行惡了。〔註102〕前者較接近由自己所發出的羞恥心，後者則接近對社會中的道德、法律的敬畏，略有不同。跟護法將慚解為「崇善」，愧解為「拒惡」有很大的區別。

護法相較於安慧而言，更喜歡使用列舉細項、分門別類的方式，為心所的定義，試圖建立一種具有指向的知識，較有規則可循。而安慧的解釋多半比較放逸，以一個概略的大原則來論說。但是針對「慧」、「癡」、「慢」這三個心所，安慧則比護法的解釋細緻，以下列出安慧的解釋：

1. 慧：安慧和護法都說會具有簡擇正理的能力，只是安慧特別指出，慧所簡擇的「合理」是符合聖教（聖言量）、比量、現量。〔註103〕安慧說慧時，給予了較多的正理與邪理間分別的標準，知識面的意味較重。

2. 癡：護法與安慧解貪、瞋十分相似，但護法解癡時是泛論的說「於

〔註100〕霍韜晦於《安慧「三十唯識釋」原典譯注》中提到安慧以為輕安既是心所法，何以又有身輕安，安慧以為身心調暢是因身隨心轉，歸結到底還是新的問題。參見：註86，頁96，註33。

〔註101〕同註88，頁61；同註89，頁60。

〔註102〕霍韜晦對慚、愧的翻譯幾乎相似，兩者都有以受非議為恥，只是慚是擔心被善人訶責，愧是擔心被世間眾人訶責。同註86，頁81；宇井伯壽和霍韜晦的解釋差不多，一樣都是善人及世間眾人的差別。參見：註86，頁65；在寺本婉雅的解釋中，慚、愧亦相似，但慚使人擔心被諸聖訶責，愧使人擔心被世間所認定的罪過訶責，與上面兩者有一點不一樣。同註88，頁65～66。

〔註103〕寺本婉雅注解見：註88，頁62；宇井伯壽注解見：註89，頁62；霍韜晦注解見：註86，頁79～80。

諸事理迷闇為性」，而安慧則點出於對於何謂善趣、惡趣、涅槃不明究理，
〔註104〕對於其間的因果關係也不明白，而增生煩惱，在此雜染間依前面的
善惡業報，再造出更多業與果報。

3. 慢：護法在解慢時說道慢分作七種，但沒有細列出種類及解釋，安慧
在這裡說的比較細，列出：慢、過慢、慢過慢、高慢、增上慢、卑慢、邪慢。
前三種慢，以及第六種卑慢，主要針對社會條件如：財產、家世、能力與己
同級或不同級者所生的傲慢心；高慢、增上慢、邪慢則主要針對修行來說，
多半是以為自己擁有未擁有的德行，而抬高自己，輕視他人。〔註105〕

另外，在不定心所的分類方面，安慧和護法也有些許不同。在漢譯的《三
十頌》版本中有列舉「不定」心所之名，並說「不定謂悔、眠、尋、伺二各
二。」〔註106〕但在安慧的版本中，並沒有提到「不定」這個名稱，但安慧仍
有解釋「惡作、眠、尋、伺」這四個心所，內容也與護法相似，只是將「悔」
改成了「惡作」，但是「悔」本就是對自己曾有的惡作感到後悔，兩者的內涵
是差不多的。〔註107〕

〔註104〕寺本婉雅注解見：註88，頁71；宇井伯壽注解見：註89，頁73；霍韜晦注
解見：註86，頁84。

〔註105〕關於這七種慢，吳汝鈞在《唯識現象學2：安慧》中有詳細的說明：1.慢是對
於家世、能力、財產等方面較低的人生傲慢心，以自己高人一等。對於在這
些地方與自己相近的人，雖知雙方均等，但也生起傲慢心。2.過慢是對於家
世、能力、財產等方面與自己同級的人，自己又以在喜捨、戒律、勇氣等方
面勝一籌已自炫。對於在家世、學問等方面，自己又以在能力、財產方面同
級而生過度的傲慢心。3.慢過慢是對於家世、能力、財產等方面勝一籌的人，
又以自己在這些方面也是勝人一籌的想法而把自己提起過高。4.高慢是自己
在我、自我的所有方面都一無是處，而迷失了真相，卻又以自我為有、自我
的所有為有，視這種情況為實在而加以固執，而生慢心，抬高自己。5.增上
慢是即使自己未能證得較高的修行位階，卻以為已經證得了，而產生慢心，
抬高自己。6.卑慢是對於家世、能力、財產等方面遠較自己優越的人，自己
以為在這些方面稍微遜色而已，而產生抬高自己的慢心。7.邪慢是自己沒有
善德，而有惡德，卻以為自己有殊勝的德性，而產生慢心，抬高自己。（臺北：
台灣學生書局，2002初版）頁，82～83。

〔註106〕《唯識三十論頌》卷1（T31, no. 1586, p. 60, c2）。

〔註107〕霍韜晦曾在著作中提到玄奘在隨煩惱之後另增「不定」，成六位心所，但梵本
卻無，真諦所義的《轉識論》也無，因此他推定可能是後期唯識家所加的。
參見：註86，頁92，註1。勝又俊教亦有提及，安慧將惡作、眠、尋、伺列
在隨煩惱之下，因此有別於護法的六位，安慧的心所是分為五位五十一種。
然而《三十頌》的梵文本中並沒有提及「不定」，因此《成唯識論》中的「不
定」應是護法依自己的意思加上去的。參見：註99，頁236～237。

第四節　小　結

　　佛教的心識學說，在原始佛教時期即有開端，只是當時的並沒有細緻的針對人的心理分析，當時的心識包含在十二因緣中，以「觸、受、愛、取」來說明人與外境接觸時，如何以外境爲恆常定相，以至於產生愛著、苦惱。部派佛教時期，便以此教理爲基礎，開發闡揚心識思想，而有了心王、心所之名。此期的分派甚多，每個部派對於心、心所的主張亦有不同，但以《成實論》和《俱舍論》爲兩大主軸，其中較重要的問題爭論包括：離心之外是否還有心所、心識是一還是多、多識是否可以俱起等等。

　　大乘佛教時期，瑜伽唯識學派興起，除了延續部派時期的問題討論之外，此時世親所代表的唯識學派，承續前賢對心識的描述，確立了以八識爲主軸的心識思想，《唯識三十頌》即是世親晚年對於唯識思想的集大成之作。可惜只有頌文沒有長行，因此爲解釋《三十頌》，當時的唯識學家紛紛著書立作，其中護法的注本《成唯識論》經由玄奘翻譯傳入中國，至今爲漢語系佛學學者理解《唯識三十頌》的重要注本，而安慧的《唯識三十論釋》則傳到西藏爲藏傳佛教接受，又近代的法國漢學家李維，在尼泊爾發現了安慧所注的梵文本，並引進西方學界，爲近代西方佛學界理解《唯識三十頌》主要材料。

　　護法及和安慧所注解《唯識三十頌》的最大不同，在於「識轉變」的解釋。安慧認爲識轉變就是因滅去的同時有與因不一樣的果生出，但護法則在世親所言的識轉變之上，又另外發揮出「相分」、「見分」、「自證分」、「證自證分」之說。而在心所的解釋方面，護法喜歡給每個心所一個特性的描述，以及此心所會引起的業，但安慧解釋心所沒有固定的形式，也常使用泛論式的說法來描述心所。

　　《唯識三十頌》的心所分爲五到六位，總共有五十一種，其中「徧行心所」講得是對外境認識過程；「別境心所」標舉心識對於特殊外境的緣取和作用；「善心所」是指心王與境相合並爲善時，所產生的心理反應；「煩惱」及「隨煩惱心所」則列舉種種障礙解脫、修行的心理負擔；「不定心所」有四種善惡不定，起業亦不定的狀況。這五十一種心所縱使有假實之分，卻均是由假說，心所並沒有自體，要生起也必須依賴根、境、識三和，並端賴心王與善、不善、無忌印定。

　　五十一類心所中「勝解」使人毫不猶豫地相信、印定以正理爲主的「決定境」爲眞，因此在解脫、悟道中扮演很重要的角色。但以唯識的觀點，外

境並非實有，而是由人的心識所創造出來，當心識改變，外境也會跟著改變，我們就身處在以自己的識所變現出的流動的世界中。因此在「勝解」作為一個依靠「境」生起的心所，要能擺脫瞬間散滅，需依靠「念」、「定」、「慧」的協助，使「勝解」能夠發揮對有情的正向力，在「勝解」如何使其相續不間斷，並使其發揮續生「善心所」的業用，則需偕同「阿賴耶識」和「轉依」理論來講，有關這部分就留待第四章時論說。

第三章　意義治療學的架構與終極關懷

　　從《唯識三十頌》的觀點來看，無明眾生是一群生病的患者，唯有自覺地解除受障蔽的心識，才能回返清明，乃至證得真如。因此，《三十頌》花了很多篇幅來分析人的心理反應，欲以心所有法，使人覺知受、想、行、識的都是不久住且瞬息萬變的。透過對心真實的理解，增上修行的決心和定力，使人在此生或此身的健康外，亦重終極關懷，以更高的使命——個人生命意義的超克，來消解一時的不適或心病。

　　而西方心理學中，亦有以分析心理狀態、反應，來使患有心理疾病的病人，能解除心理障礙，回返健康的生活。只是與唯識學、佛教分析心理的目的並不相同，西方心理學旨在協助患者能藉由理解自己的心理狀態，克服當下困擾正常生活的症狀，心理學的終極關懷，是當下的健康和生活的舒適。

　　在西方眾多的心理學學派中，佛洛伊德（Sigmund Freud，1856～1939。）及榮格（Carl Gustav Jung，1875～1961。）較常被提出與唯識學做對比研究。近年來，奧地利心理學家弗蘭克（Viktor Frankl，1905～1997。）所創立的意義治療學派（Logotherapy）亦被學界注意，意義治療學有別於傳統的精神分析，並不將潛意識當作決定個人行為及欲望的中樞，亦有別於佛洛伊德的快樂意志，另標意義意志。認為人具有一種不斷追尋意義，並試圖於所處的環境中完成意義的自由意志。因此弗蘭克將自己的意義治療學標榜為「高度心理學」（height-psychology），以別於佛洛伊德和主張權利意志的阿德勒的「深度心理學」（depth-psychology）。〔註1〕

〔註 1〕Viktor E. Frankl.在 *The Doctor and the Soul: From Psychotherapy to Logotherapy*

第一節　弗蘭克一生的意義體驗

　　弗蘭克爲維也納的心理醫師，在高中及大學的求學階段，主要接受精神分析學派的薰陶及訓練，在畢業開始執業後，弗蘭克對於心理學的看法開始有顯著的改變，他反對精神分析學派將人當作潛意識的反應體，也不同意佛洛伊德所主張的決定論，在 1926 年他首次於演講中使用了「意義治療」（Logotherapy）這個名詞。弗蘭克很關心心理學和哲學的交會，認爲心理學不應只是純粹的科學，其治療的背後，應該還包含一套價值理念。由於理念與精神分析相左，又不能同意阿德勒（Alfred Adler，1870～1937）的人性目的論，所以不僅與佛洛伊德交惡，也於 1927 年被阿德勒開除「個體心理學學會」的會籍。在此之後，弗蘭克撰寫了許多有關「存在分析」、「意義治療」的學術文章，以及他將理論運用於臨床案例的紀錄，使得歐洲和美國的心理學界慢慢地注意到他。也因此，在 1938 年希特勒入侵奧地利，並開始有計劃地逮捕當地的猶太人時，美國政府提供了有效的簽證，讓弗蘭克有逃亡的機會。然而，弗蘭克雖有了簽證，他的父母和妻子卻必須留在奧地利，弗蘭克在多方思索下，決定放棄赴美的機會，和家人待在奧地利。

　　1942 年弗蘭克和家人被轉移至猶太隔離區，隨後被分開並遣送至不同的集中營，至 1945 年二戰結束以前，弗蘭克輾轉在不同的集中營渡過，在此段經歷中，他以自身的體驗證實了自我超越的可能性，弗蘭克觀察集中營內的獄警、囚犯，並分析他們的作爲，發現有些人在極度惡劣的狀況下，仍具有將自己與環境分離的心理能力，這使他更加確定自己對「自由意志」和「意義意志」的看法。〔註2〕弗蘭克以心理學角度，自己記錄了從被囚到獲釋所發生的林林總總，其中有兩段經驗是他一直提到的：第一，弗蘭克在剛被送進集中營時，

　　中提到：「縱使深度心理學在今日蔚爲顯學，但我們仍要自問，現在是否不是時候去檢視人的存在，而心理治療在分析多面向的心理時，亦不只要觀察心理的深度，更該關心他的高度。」（the expression depth-psychology is much in favorite today. But we must ask ourselves whether it is not high time to examine human existence, even within psychotherapy, in all its many-layered extent; to look not only for its depths, but for its heights as well.）（London: Souvenir, 2004），p27.

〔註2〕在 *Psychotherapy and existentialism.* 和 *The Doctor and the Soul: From Psychotherapy to Logotherapy.* 兩書中均有收錄弗蘭克對集中營狀況的心理分析（頁 99～108），他將囚犯的心理狀態改變分爲三階段，分別是 1.剛開始的震驚 2.長時間的冷漠 3.獲釋後的茫然，並從這三階段中的體驗中，尋找意義存在的狀態。

藏在他衣服內的《醫師的心靈關懷》手稿，被沒收並銷毀，此書是他多年行醫的紀錄和其心理學派的哲學背景整理，亦是他當時所重視的人生意義，在此書被銷毀的當時，弗蘭克遭受極大的打擊，但在不久後，他便以重新書寫此書，做爲「新的意義」，透過在集中營裡偷偷抄寫，以及獲釋後重新編輯，來支持他走過集中營生活，及戰後失去親人的痛苦。第二，弗蘭克回憶集中營生活時，經常充滿了暴力、寒冷、疾病、飢餓，當時他便以幻想未來某一天與親人團聚的狀況，將自己從當下的可怕處境中分離出去，但是在戰後，在他回到維也納的短短幾天內，便得知自己的妻子和父親在與他分開不久即得病去世，母親在被送至集中營的當下就進了毒氣室，而哥哥嫂嫂也在試圖逃亡的途中過世，所以在弗蘭克以幻想支撐自己的同時，他所幻想的對象都已經不存在了。

雖然弗蘭克沒有特別將這兩段經歷，與意義治療學的學說結合在一起解釋，但我們可以從中看到幾個他在學說中所說明的重點，如：1.意義是不斷變動，而非永遠在某個地方靜止不動，追尋意義的課題是一個不斷動作的過程，而不是尋求一個終點。2.人具有將自己分離的能力，不僅是將自己與環境分離，還是將自己從恐懼不安的情緒分離出去。3.因爲追尋意義是一個過程，所以人所追尋的意義也會不斷的改變，這個改變是依循當下的處境以及人過去的經驗協調而成。

戰後，弗蘭克在維也納大學授課，在維也納市立醫院擔任神經科主任醫生，此時「意義治療學」已自成一個學派，並推廣到歐洲學界和美國，因此，弗蘭克也經常到各大學擔任客座教授，此時期弗蘭克出版了諸如《心理治療的實際應用》、《意義與存在》、《精神官能症的理論與治療》、《意義的呼喚》、《終極意義的追尋》等書，確立了意義治療學派的「哲學背景」、「基本理念」及其「運用方法」。最後於 1997 年因心臟衰竭過世。〔註3〕

第二節　意義治療學與精神分析的主要差異——靈性潛意識

前面說到，弗蘭克初學心理治療時，屬於精神分析學派，但在真正進入

〔註3〕此段生平參考《生存的理由——與心靈對話的意義治療學》、《活出意義來——從集中營說到存在主義》、《尋找生命的意義——弗蘭克的意義治療學說》三本書中對弗蘭克生平的敘述，以及《意義的呼喚》書目所附之年表。

心理醫學執業後,因為無法認同精神分析中的某一些主張,最終離開精神分析,以存在分析建立起一套自己的心理治療體系。然而佛洛伊德所奠定的基本心理及人格結構,諸如:「意識與潛意識」、「本我、自我、超我」卻仍為弗蘭克所贊同,並在其治療中使用,協助病患尋找其意義。〔註4〕弗蘭克對於精神分析學派的批評主要集中在:人性決定論、性驅力這兩點上。此外,意義治療學以為,人的良知和責任感的出發,是內心「自願」的結果,而不是超我的「制約」。簡單來說,弗蘭克不否認本能所帶給人的影響,但他認為在本能之外,人的內心尚有更高的指導原則,這一原則確保人的意志自由可以完全發揮,並作為人自由發揮良知和責任感的源頭,弗蘭克稱這一源頭為「靈性」(spirit)。

弗蘭克認為,人的潛意識分作「本能潛意識」(instinctual unconscious)及「靈性潛意識」(spiritual unconscious),這兩種潛意識是有區別的。精神分析只看見了前者,卻忽略了後者,然而依意義治療學的看法,靈性才是人性的中樞,由於精神分析忽略了潛意識中不僅含有本能,更有靈性的存在,所以以為人的行為都是因為本能驅使才產生,人只受到快樂或權力的慾望操縱。以下便就靈性的特色來說明:

一、「靈性」在個人的整全中所扮演的角色

人的整全是建立在身體(somatic)、精神(psychic)和靈性(spiritual)三個層面上,而靈性又是前兩者之健全的基底,故靈性是一個完整的人的基礎。靈性屬於潛意識的範疇,位於的內心的根源位置,此位置是心理運作的中樞,因此靈性潛意識可直接並自由地影響、進出前意識和意識,決定人的的感知和行為。弗蘭克以視網膜的構造解釋這一「深處」,他說:

> 靈性的根源在人內心中的位置,就如同視神經從視網膜進入眼球的
> 位置一樣,是影像形成的一個盲點(blind spot)〔註5〕。由於靈性

〔註4〕在 *The Doctor and the Soul:From Psychotherapy to Logotherapy* 中,開篇即言:
「我們不能離開精神分析心理學和個體心理學來說意義治療,他們的成就是無法從心理學的歷史中被分離出去的。」(We can't not discuss psychoanalysis and individual psychology, the two great psychotherapeutic systems created by Freud and Adler respectively. The history of psychotherapy cannot be deal with apart from their work……)參見:註1,頁23。

〔註5〕在視網膜上,所有 G 細胞的軸突先全部匯聚在視網膜上的一點,集合而成為一條視神經索。然後,再延伸到腦中央視丘上的側膝核。最後再送到大腦視

根源於這一內心的盲點位置，所以人無法清楚的感知到他的存在，
也沒有辦法透過反射動作去映照他，靈性在這一盲點中，可完全地
呈現他自己，又因為他不能被察覺的個性，靈性當然是一潛意識。
〔註6〕

在這一段敘述中，我們可以看見靈性有一自成體系不依賴其他感官存在的意
味，並難以被察覺，自然也很難從意識層面被觀察。除此之外，靈性主宰人
無意識的決定，也就是決定哪些知覺或念頭要埋藏在潛意識中，而哪一些該
浮現到意識裡，針對此一說明，弗蘭克另外舉出決定睡眠與否的衛兵（the
guard）來解釋：

假設內心有一個決定睡眠中的人是否要繼續睡眠的衛兵（the guard），
這個衛兵可以決定人是否能在噪音中持續睡著或是醒過來，即是要
有意識或無意識，在催眠的情形中也是，雖然催眠師可以讓人進入
意識輕淺的狀態，但這個衛兵仍然能決定被催眠的人，是否要感知
到外界的不舒適而自行醒過來，這也是決定有意識或無意識的狀
況。〔註7〕

從以上的敘述中，可以確定弗蘭克所謂的靈性潛意識，位在內心最深處的地
方，並因不驅使人，故無法從反射動作中觀察，可自由穿梭於意識和潛意識
間，並決定人有意識或無意識的選擇。因為靈性為潛意識，弗蘭克便更有理
據地接著說人本身就具有超克自我的內求，而不需要依靠外力或外在意義存
活。

由於靈性不能被分析，又位於盲點位置的特性，使得靈性是如何被發現
的，成為一個很大的問題。進一步檢視弗蘭克所謂的「分析」就會發現，他
說到靈性的「不可分析」都是連著「反射動作」來講的，但是弗蘭克在他的
著作中曾明白的說過，相較於把人體當作一個機械的精神分析，意義治療重
視的是分析人自主的行為。弗蘭克以為，人自主的行為是表現人存在的本質
和狀況，才應是人之所以為人的重點，分析自主行為，才能了解人存在的本

覺皮層完成訊息的傳輸。由於 G 細胞軸突匯集處沒有任何感光細胞，因此會
形成視覺盲點。參見：尚景賢〈解析千變萬化的顏色〉，《科學發展》第 436
期（臺北市：行政院國家科學委員會，2009 年 4 月），頁 52～59。

〔註6〕 *Viktor Frankl, Man's search for ultimate meaning*（New York: Perseus Book
publishing. 2000），p37.

〔註7〕 同上註，頁 37。

質，了解存在的本質才能真的描繪出的人理，他將這種分析稱爲「存在分析」
（existential analysis）。〔註8〕然而存在分析並不是很科學化的分析，他在著作
中解釋道：

> 由於人的存在不能在反射動作中表現，亦不能夠被精確的分析。因
> 此說「存在分析」並不是針對存在本質的分析，而是使當事人體會
> 到存在的一種分析。〔註9〕

而弗蘭克所謂的「自主行爲」直接指向了「責任感」（responsibility）和「良知」
（conscience），這兩項他認爲依快樂原則行事的本能沒有辦法解釋的人性特
質。〔註10〕他主要使用「存在分析」去追溯這兩項特質的源頭，並因而追溯
到了「靈性潛意識」。

　　換句話說，靈性是透過對「責任感」和「良知」的存在分析才得以發現，
這不僅表示了弗蘭克認爲「靈性」是「責任感」和「良知」的源頭，也說明
了「靈性」是確認人存在的關鍵，同時由於「責任感」和「良知」是人充分
理解自己的存在之後才能展現的特質，則「充分理解存在」的這件事同時意
味了「展現靈性」樞紐。弗蘭克便是透過這些關係來講靈性的「高度」當靈
性既屬於潛意識，又關涉於人的良知抉擇時，弗蘭克便可以此說人的道德行
爲不由意識層面的超我制約，而是一內化於人內心的必然決定。

二、以靈性爲出發點的終極關懷

　　在前面有關意志、意義、靈性的敘述中，大致看見了弗蘭克透過心理結
構的描述，建立人自我超克的可能性，接下來就該說到自我超克的目的了。
唯識學有「轉識成智」論人如何從器世間的執著，轉化認識的方法，以智慧
的角度看待認識對象。然而自我超克的能力必須建立在終極目標上，如此，

〔註 8〕 同上註，頁 28。

〔註 9〕 此段的原文爲：Insofar as human existence cannot fully be reflected upon by itself,
it cannot be fully analyzed either. That is why existential analysis can never be an
analysis of existence but only an analysis toward existence. 參見：註 6，頁 36。

〔註10〕 弗蘭克在說良知的超越性時，說到具有自我決定能力的自我不能等同於佛洛
伊德所說的 ego，就如同經過自我選擇的良知行爲，不能等同於 superego 一
樣。自我（self）表現出人在這個世界中的充分存在，而良知表現出人自我超
越的質量，是人意識到應該爲自己的存在負起責任時才會出現的特質，因此
責任感和良知，是出於人的自我意識，而不能將之歸爲本能的範圍。參見：
註 6，頁 63。

人擁有這樣的能力才有意義，否則只論自我超克而不論爲了什麼而超克，那麼縱使人擁有自我超克的能力也只是徒然。

《唯識三十頌》說：「即依此三性，立彼三無性，故佛密意說，一切法無性……此諸法勝義，亦即是眞如，常如其性故，即唯識實性。」〔註11〕可見其將超克的目標放在從三性過渡到三無性，乃至通透諸法緣起，捨去身心粗重，轉成輕安、清淨，而可以從伏斷煩惱慢慢地轉有漏爲無漏，證得出世間智乃至成佛，此亦《唯識三十頌》的終極關懷。那麼意義治療學說「意義意志」的終極關懷是什麼呢？若要將唯識學及意義治療這兩種學說放在一起討論，則要在兩者的目標上作一點釐清及對照。

意義治療學畢竟爲一個心理醫學的系統，其主旨在維護及治療人的心理健康，針對生命的課題，最多也只能說到在世的這一段時間，對於生命的轉換，或死亡之後的事，是沒有辦法處理的，弗蘭克曾記錄過他輔導臨終患者的例子，由於意義治療學將人生看作一場任務，而臨終關懷的重點則在提醒患者已將任務精彩的鋪展，並將患者記憶中自己創立的美好經驗和自我成就，作爲他可在臨終時懷抱的美滿結局。〔註12〕弗蘭克認爲意義治療學的醫生必須放下成見地去開啓病人對於自我意義的追尋。從自我意義的追尋出發，弗蘭克進一步在著作中解釋了意義治療學對於「宗教信仰」的看法。

意義治療雖爲心理學學派，但和佛洛依德及阿德勒得心理學有不同，他的終極關懷除了建立在維護人的正常生活上，更重要的是維護身體、精神、靈性這三個向度所構成的健康，而這三者中最重要的又是靈性，因此對靈性的照顧，便成爲釐清意義治療學實踐的終極關懷很重要的一個課題。如李天慈所說：

> 對人性的尊重、把人看作一個身、心、靈三個向度（Dimension）是法蘭可教授的基本觀念。他從來沒有忽略人的生理或神經組織，但卻從來沒有把人看作一團神經細胞與肌肉、骨骼的反應體。他的向度的本體論（Dimensional ontalogy）對意義治療是非常重要的觀念，法蘭可認爲，就像二度空間無法取代三度空間，人的身、心、靈是一個類似三度空間的整體，而非三個層次，是不可分的，如果只以

〔註11〕《唯識三十論頌》卷1（《大正新脩大藏經》以下簡稱 T31, no. 1586, p. 61, a22 ～27）。

〔註12〕Viktor E. Frankl 著，徐佳譯：《心靈的療癒——意義治療和存在分析的基礎》（北京：電子工業出版社，2014年3月），頁235～238。

生理、心理來看人就像以二度取代三度空間而永遠得不到人的眞

相。〔註13〕

如前文所述，本能潛意識會產生驅力，讓人被驅力驅使做出反射性行爲，那
麼靈性潛意識對人的影響又表現在什麼層面呢？弗蘭克不斷說一個人的高
度比深度重要，人的存在不是被我必須做什麼，而是被我可以做什麼證明，
〔註14〕故人必須在生命中尋找意義，這樣透過自我決定所表現出的人的高
度，應是靈性潛意識的作用，換句話說，「靈性潛意識」是「意義意志」源
頭，而意義的種類又包含有「超越性意義」，「超越性意義」中經常出現的一
個環節，便是「宗教信仰」的選擇。因此，在討論「人生意義」甚至「超越
性意義」時，是沒有辦法將宗教信仰排除不談的，但是爲了「宗教信仰」之
於意義治療學，只是人選擇完成或執行的意義之一，而非全部。由於「信仰」
在人類社會中佔有舉足輕重的地位，而意義治療學起源的歐洲國家，亦多以
基督、天主信仰爲大宗，包含弗蘭克本人也是信仰猶太教的猶太人。因此弗
蘭克在著作中也討論了上帝和潛意識間的關係。

存在分析的理論建構有三階段：首先，是確定人的存在是可以被自己意
識到，且可以爲自己負責的存在。第二，發掘並了解靈性潛意識在心理結構
中的重要性；第三階段則是存在分析沒辦法涵蓋的內容——潛意識中的信仰
力量〔註15〕。弗蘭克將宗教的選擇，以及人相信上帝，乃至於表現出種種因
信仰而有的特殊體驗，歸於「超越性意義」的其中一環。也就是說，「選擇相
信上帝」是「超越性意義」的其中一種，而由於人具有天生傾向尋求「意義」
的「意義意志」，又「意義意志」是來源於「靈性潛意識」的，故由「意義意
志」所尋求出的「超越性意義」亦屬潛意識的內涵。換言之，人透過「自由
意志」的功能執行「意義意志」，並向內尋求出「超越性意義」，在這段過程
中，不論是「自由意志」、「意義意志」或「超越性意義」都內含於潛意識內。
而當人選擇某一種信仰，並依靠此信仰在困頓、險惡時支持自己的心靈，並
堅持行正確之事，這種信仰，是人的潛意識中本來就具有的其中一個選項。

〔註13〕 Viktor E. Frankl 著，鄭納無譯：《意義的呼喚》（臺北市：心靈工坊，2002 年），
頁 11。

〔註14〕 Viktor Frankl, *Psychotherapy and existentialism*（New York: Washington Square
Press, 1985）, p.62.其中提到關於人的存在討論，總離不開「I am」這個句子，
這個句子首先被理解爲「I must」，但意義治療學將他理解爲「I can」。

〔註15〕 Viktor E. Frankl, "Unconscious Religiousness," 參見：註6，頁 67～68。

潛意識中的信仰是內含在靈性的一部分，是人生來即潛伏在潛意識中，只要人願意並只在自我意願的狀況下，便可以透過這個潛意識，建立自身內在和上帝（transcendent Thou）間的關係。但弗蘭克接著很小心地說，這並不代表潛意識本身具有神性，亦不代表潛意識可以和任何事物建立超驗連結的泛神論，更不代表潛意識即為全知全能的超驗力量。

　　這段敘述已可看見，弗蘭克因意識到宗教力量在心靈療癒的重要，故欲將信仰的作用納入「意義意志」和「靈性潛意識」的範疇中，卻又擔心超越性經驗被窄化至只剩宗教一途。其實以佛教的觀點來說，信仰的力量在於意識到痛苦並試圖理解造成痛苦的原因，生起滅除痛苦的心，最後願意鞭策自己遵從正道走上解脫。又以《唯識三十頌》的立場，正道一途起於視角的轉換，若能以一切法空的視角理解器世間皆為識所造，則人就能正視內心的情緒變化均是根、境、識三和時心王的反應，再加上種子現前的作用，如此有意識的認知，可協助人透徹的觀察種種心所，理解他的來龍去脈，使自己化解貪、瞋、癡，並維持念、定、慧的現起，最終可以超脫苦痛，轉煩雜的心緒為般若智慧。這一切轉化的關鍵並不在外求而在個體自我的覺悟，弗蘭克之所以沒辦法將潛意識中的信仰清楚地納入存在分析的範疇，是因為他將宗教力量的療癒設定為外求，而非一個內在證成的體系。

　　行文至此，再一次回顧所謂身體、精神、靈性的健康，除了廣義的無病痛的健康外，更重要的是，意義治療重視病人透過追尋意義自我療癒的能力，以及對當下無法改變的處境，以提升自我的立場，改變觀看現實的角度來超越處境，而超越的當下，靈性潛意識才可以完全發揮其整全身體、精神的功能。

第三節　意義治療學的基本架構

　　相對與本能「驅使」人作某些行為，以達到內心的平衡，靈性使人「趨向」自己天生的使命和責任感。弗蘭克以「靈性潛意識」的發現來分別「存在分析」和「精神分析」根本上的不同，並以其作為意義治療學開展的中樞。以「靈性潛意識」作為源頭，弗蘭克將意義治療學的三個基礎定義為〔註16〕：

〔註16〕Viktor E. Frankl, "The Philisophical Fundations of Logotherapy ," 參見：註14，頁 17～18。

「意志自由」（The Freedom of Will）、「意義意志」（The Will to Meaning）、「人生意義」（The Meaning of Life）〔註17〕。

其中「意志自由」爲「意義意志」的前提，因人必須透過追尋生存的意義，來治癒心理疾病與存在的空虛，故在此核心思想下，人必然具有決定自我意義，並追尋之的能力，也就是具有意志自由。而「人生意義」則是經由人的經驗累積與當下體認，所確立的意義種類和深度，弗蘭克極重視經驗帶給個人的影響，也認爲每個人的意義大多汲取自自身經驗，尤其是「受苦」、「責疚」、「死亡與無常」的經驗更可以深度地使人確認自己的存在意義爲何。

一、意志自由（The Freedom of Will）

弗蘭克以爲人的「意志自由」，直接屬於自身經驗，這裡的經驗，是未經解釋，直觀式的經驗，他主張人可直接經驗意志的活動，並可依照這樣的經驗值，自由地意志世界和自己。弗氏以爲只有兩種人的意志是不自由的，分別是精神分裂病人，以及信奉決定論的哲學家。〔註18〕但弗蘭克也指出，人不可能在任何時候都毫無障礙地行使「意志自由」，當身體、心理有了疾病或是社會施予壓力，抑或受到社會價值觀的束縛，都會使人不能隨心所欲。但是，「意志自由」的可貴之處在於：人雖不能免於環境的影響，但人能選擇要用何種立場和態度去面對世界和自己，進而影響或改變自己的處境。關於何謂「意志自由」，弗氏在著作中曾有這一段描述：

> 當人可以自由的選擇要用何種態度來面對身體、心理以及社會的狀況時，人們就可以超克身體和心理的層次，進而決定自己的存在，如此便可進入（開啓）靈性（noetic）的向度，呈現可整合（counterdistiction）身體和心理的現象，也因此有能力選擇自己對這個世界以及自己本身

〔註17〕 傅偉勳先生曾撰文介紹〈弗蘭克爾與意義療法〉收於《批判的繼承與創造的發展》（臺北市：東大圖書，1986 年，6 月初版），頁 174～177。爲國內較早注意到意義治療學的學者，他在文中將意義治療的基本理論翻譯爲：意志自由、意義意志、人生的意義。

〔註18〕 在心理學的討論範疇中，有決定論和自由論。決定論的心理學家，認爲人的意志受到潛意識或是社會力量的約束與操縱，沒有辦法自由地支配自己的意志，縱使人可以經驗自己的意志，但這樣的經驗只是一種自我欺騙。如佛洛伊德及阿德勒即是。而自由論則如同弗蘭克一樣，認爲人可以主動並積極的主宰自己的意志，並可驅策自己實踐自我意志。參見：Gerald Corey 著，鄭玄藏等譯：《諮商與心理治療》第四章〈精神分析治療〉及第六章〈存在主義治療〉，（臺北市：雙葉書廊，2002 年 7 月），頁 77～97; 168～178。

　　自我應對的立場，同時可反映自己及拒絕自己，人可成為自己及自己
　　行為的主宰。這樣連結自我覺知（self-consciousness）和良知
　　（conscience）的特殊現象，必須建立在人具有將「自我分離」
　　（detaching himself from himself）的能力上方可被理解。〔註19〕

在這段文字中，可以看到態度作為心靈層次轉換的關鍵，當「意志自由」充分
被行使，讓靈性向度彰顯後，人便能擁有整合身心並超克自我的能力。在這裡
說道，「意志自由」的功能不僅在彰顯靈性層次，也提供人存在的自我確認，
使人能透過「意志自由」的作用，選擇如何面對自己和世界。此外「意志自由」
讓人擁有「自我分離」的能力，這個能力包括「從外在環境中分離出自我的能
力，使自己對外界保持旁觀的態度。」以及「將自己從自己分離的能力」。〔註
20〕筆者以為，前一項即是弗蘭克所說，以態度轉換當下處境，使人能從苦難
的環境中抽離心境的能力；後一項說的是人控制自我意向的能力，這一點包含
了意義治療學所參考的哲學背景，將在下一節說明。但簡單來說，「自我分離」
說的是：人可透過操縱自己的意識，轉變專注的重點，將其餘不重要的障礙如
情緒、焦慮等狀況解除的能力。這個能力不僅作為意義治療學常用療法的根
據，由於心理專注的重點，是「意志自由」能否發揮、「自我分離」能否成功
的關鍵，因此亦必須和「意義意志」配合才能真正的表現出作用。

　　在上面的引文最後，弗氏提到自覺地意識良知，作為自我超克也就是「意
志自由」的表現，或許可讓我們窺知，這裡所謂的自由並不是指任意選擇的
自由，賴賢宗提到：

　　意義治療學所論的「意志自由」是一種不斷探尋「意義」及其實現
　　的超越的自由能力，這裡的「意義」一詞是指人間的生命歷程當中，
　　種種真善美聖的精神價值取向與內涵，弗蘭克說「人之所以為人在
　　於不斷邁向自己以外的人或事物，去實現意義。在此，意義的實現
　　在於或是會遇某人，或為某種價值而獻身，或去愛某個人。唯有當
　　人活出存在自我的超越面向，他才成為本真的人，他才成為真正的
　　自己。」〔註21〕

〔註19〕參見：註14，頁19。
〔註20〕劉翔平：《尋找生命的意義──弗蘭克的意義治療學說》（臺北市：貓頭鷹出
　　　　版，城邦文化發行，2001年），頁209。
〔註21〕賴賢宗：〈空性智慧、佛教意義治療學與佛教詮釋學的治療學〉《普門學報》
　　　　第13期，高雄：普門學報社出版，2003年1月，頁105～134。

弗蘭克所指的自由，是建立在眞善美聖價值上的自由，在基督教與猶太教價值體系下成長的弗蘭克，認爲人生的最高意義必然指涉向善的方向。而這一段評論也再次說明了人所經驗的生活或說人生，提供了個人在發現意義時的基礎倉庫，人們從這充滿經驗的記憶中找到自己的價值或是在意的人，並由這些價值確立自己存在的意義。

二、意義意志（The Will to Meaning）

「意義意志」是指：人生存的基本需求和傾向就是追尋自身的意義。這是弗蘭克的學說中最重要的假設，意義治療學即以「意義意志」爲重點。在意義意志的解釋中，弗蘭克大量的與佛洛伊德的快樂原則（pleasure principle），以及阿德勒的權力意志（will to power）對話。弗蘭克批評快樂原則及權力意志，都假設人所致力完成的目標和行爲，均是無法意願甚至無法意識的，就算人意識到了自己的動機那也不是他眞正的動機。但這樣的假設完全否定了人具有超越性的一面，若人都只爲了身心的平衡（homeostasis）而活，一切行爲都已在意願以前被決定了，那麼人也充其量只能算是一具機械而已，甚至連存在問題也不需討論。

「意義意志」之所以名爲「意志」，而不若佛洛伊德和阿德勒般歸因於「需求」，就是因爲意義治療相信人自我控制的潛能，不將內心爲求平衡所產生的「驅力」，當作人的行爲和做決定的核心。人會爲擺脫驅力而希望或是努力的讓自己永遠在快樂中，並沉溺在擺脫驅力的狀態，但意義意志並不是從驅力出發，弗蘭克說：

> 如果人眞的是因爲內心平衡的需求而產生驅力去追求意義，他將會
> 爲了擺脫這種驅力，擁抱意義成就後的滿足，在這樣的情形下，人
> 注重的並不是意義本身而是內心平衡（equilibrium）的狀態。[註22]

從引文中可以看到，由於「意義意志」並不是由驅力產生，故「意義意志」所追求的成果，並不是一個停止不定的滿足狀態，而是追求意義這個過程，也就是一個不斷前進積極運動的狀態。事實上，弗蘭克認爲，人之所以有心理疾病，或是沉溺在傷痛中無法走出，是因爲患者讓自己停留在靜止的滿足狀態，而忘記了人生是一個不斷追求意義的任務。

也因爲「意義意志」追求的是一個動態的過程，而不是一個終點，在此

〔註22〕參見：註14，頁23。

過程中，快樂或是自我實現都是追求意義時的副效應（side effect），而不是被追求的那個意義，誤以爲自己得到了快樂就是實現了意義是危險的事，當一個人越沉湎在快樂的心情或狀態中，就越容易因爲害怕失去快樂而患上精神官能症，更因這種受驅力壓迫的心理，而讓眞正的幸福從眼皮底下溜走。

三、人生意義（The Meaning of Life）

意義治療學認爲，「人生意義」是從生活中尋找的，包括成就、工作、創意活動或是過往的經驗。體驗生活是尋找「人生意義」的不二法門，實行意義治療學的醫生最主要的工作，便是以寬宏的眼界和不批判及預設立場的心胸，協助病人更擴大且深刻的去體驗他的生活，當病患可以更細緻更有高度的察覺生活中的每一種感覺，他就可以更有意識地去檢視他所遭遇的事實及美麗的事物，最重要的是與他有接觸的每一個人和其人格特質，進而能體驗到生活中每個時刻所帶給他的特殊意義。

「人生意義」可以建立在三個面向上：1.「創造性意義」（what we give to life）2.「體驗性意義」（what we take from the world）3.「超越性意義」（the stand we take toward a fate we no longer can change）。〔註 23〕「創造性的意義」指的是透過人的思想或勞動的創造，給予這個世界的東西，如手工業、建築、藝術等等；「體驗性的意義」則爲抽象的感情或感覺體驗，如音樂、人情、道德等等；「超越性的意義」則是對周圍不能改變的環境或遭遇，由改換面對態度的方式，由當下苦痛中超越，化阻力爲成長。

在「人生意義」的解釋中，弗蘭克特別提出痛苦（pain）、死亡（death）、

〔註 23〕這三個意義面向的原文爲：1.what we give to life（in terms of our creative work）2. what we take from the world（in terms of our experiencing values）3.the stand we take toward a fate we no longer can change（an incurable disease, an inoperable cancer, or the like）. Viktor E. Frankl Psychotherapy and existentialism（New York：Washington Square Press, 1985），p29.傅偉勳將此三者翻譯成：「創造意義的價值」、「體驗意義的價值」、「態度意義的價值」，而賴賢宗翻爲：「生產性的意義的實現」、「體驗性的意義的實現」、「超越性的意義的實現」。由弗蘭克的英文著作看來，這三面向是人生意義的三個種類，可以同是存在或是個別存在，第一面向指得是人的創造或是創意行爲，賴賢宗自己解釋「生產性的意義」爲器物層面的生產，或許有思考創意的意思，但字面看來較偏向物品層面，因此筆者採用「創造性意義」來翻譯。又第三面向指的是人對當下不能改變的處境之超越，雖然依前文意志自由來看，超越得基礎是態度的改變，但此一意義的重點仍在超越，因此採用「超越性意義」。

愧疚（guilt），〔註24〕這三項，分別指使人感到身心靈痛苦的事（suffering）；人生或人身的有限性（mortality）；人性的脆弱和無奈（fallibility）。弗氏以為這三種幾乎是不可避免的三重悲劇（tragic triad），是促使病人重新評估價值觀的契機。很多人或許會認為這三者是阻礙人生順利或進步的禍根，但事實上這三者所造成的人生限度，會促使人意識到有限，並以有限為動力，更積極地尋求意義，促使人追尋自我疑問的解答，並對自己負起責任。

第四節　意義治療學的哲學背景

　　以上就弗蘭克自己對意義治療學的介紹，做了一番梳理，然而弗蘭克所提出的「靈性」、「意義」、「存在分析」等概念，並不是憑空冒出，背後有著一套世界觀和哲學思想做為後盾。雖然影響弗蘭克創立意義治療學的哲學概念眾多，且有些紛雜。但透過理解其學說，並從弗蘭克在行文中曾提到的某些哲學概念來看，筆者以為，影響弗蘭克以「存在分析」，作為心理治療的底子，並以人的意識特性作為治療方法之一，較大的哲學概念，應屬胡塞爾現象學中的「意向性作用」，以及海德格哲學的「在世存有」。以下便就意義治療學如何取用這兩家哲學思想申論之。

一、意識的「意向性」作用對意義治療學的啓發

　　弗蘭克以意義治療學為一個實際操作的心理學，因此在其所依恃的哲學基礎上，沒有花太多篇幅說明，也不是很有系統的使用了某一個流派的哲學思想。但從弗蘭克主張人具有「自我分離」（self-detachment）的能力，並以此理念發展出意義治療學常用的「矛盾意向療法」（paradoxical intention），從他提出的療法中可以看見胡塞爾（Edmund Gustav Albrecht Husserl，1859～1938。）現象學對於「意識」主張的影子，弗蘭克在解釋「自由意志」時也提到了胡塞爾。〔註25〕然而，胡塞爾哲學的體系龐大，他自己亦是經過多段時期的吸收整理，不斷改進他的學說內容，意義治療學吸收了胡塞爾哪一時期，或是什麼樣特定概念的哲學很難確定，只能從弗蘭克的著作中搜尋類似於胡塞爾

〔註24〕參見：註14，頁29。
〔註25〕 "Man's freedom of will belong to the immediate data of his experience. These data yield to that empirical approach which, since Husserl's day, is called phenomenological." 參見：註14，頁18。

現象學的概念來加以比對說明。

（一）「能意」（Noesis）和「所意」（Noema）的概念

可以較確定的是，弗蘭克吸收了胡塞爾對於「意識」的說法，尤其是「能意」（Noesis）和「所意」（Noema）這兩個概念。胡塞爾對意識的描述，大多收在他的著作《純粹現象學通論》中。在本書裡胡塞爾提出「我思思維」和「我思對象」的不同。「我思思維」是一個「知覺體驗」，而「我思對象」則是「被知覺物」。「被知覺物」雖然是客觀的存在，但當其與人的知覺產生接觸時，會被知覺的主體以主觀的方式決定其存在狀況。因此，「我思對象」在「我思思維」中的呈現，是由「我思思維」所決定的，也就是說我們對於對象事物的認識，會因為本身專注的重點而有所改變，胡塞爾便依此說意識的指向性，意識針對對象物的體驗，是有指向性的體驗。〔註 26〕這一個指向的活動要能進行，就需有意識主體和意識對象兩個條件，稱為「能意」和「所意」。這和唯識學所說的「見分」和「相分」有些相似，「見分」類似於現象學所說的認識主體也就是「能意」，而「相分」則類似於認識對象也就是「所意」。現象學雖然沒有很明確的論證外在事物非真實，但在胡塞爾說明意識的意向性體驗時，很強調主體對意識對象的認識，是由主體自己決定，而非純客觀的理解，主體之所以可以理解認識對象，是因為主體針對認識對象給出意義，當主體並沒有給出意義時，認識對象對主體來說是根本不存在的，因此，沒有離開認識主體而成立的認識對象。〔註 27〕

弗蘭克亦注重意識的重要性，並認為當人能覺知自己意識的意向性，繼而控制他，就可以利用這一優勢解決某些「精神官能症」，有關意義治療的療法使用，將在第五章詳細說明，這裡便不贅述。再說到「靈性潛意識」以及「意志自由」、「意義意志」，由弗蘭克的敘述中推測，「靈性潛意識」是「意志自由」、「意義意志」的源頭，並可保證人所追尋的「意義」具有正向價值，由此看來「靈性潛意識」不但處於潛意識的深層處，亦擁有一個獨立不改，不受控制的地位，「靈性」不僅讓人擁有趨向正向意義的能力，還保證人能夠超越本能的宰制。弗蘭克就是以這一點來反對精神分析學派的決定論。

胡塞爾在其著作《邏輯研究》中也曾批評過心理主義，他認為心理主

〔註 26〕Edmund Husserl 著，李幼蒸譯：《純粹現象學通論》（北京：商務印書館，1992年初版），頁 101～105。
〔註 27〕同上註，頁 148～150。

義將人的心理活動視爲一個可以透過實驗、分析、歸納等科學方法，來定義及化約的自然主義論者，心理主義將人的心理活動定義在經驗層次，而沒有辦法協助主體從經驗層面提升，能從事物、現象的本質上去理解，進而超越自己。〔註28〕這也正是意義治療學針砭精神分析學派的重點，如果我們把意識定義爲一種不能受自己控制，只因潛意識的驅力而產生的心理現象，則人的經驗、思維、知見，就只能停留在經驗層面，但若我們假設人的心理有一超越慾望、經驗存在的中樞，則人就有可能達到超越自我乃至意志自由的狀態。

（二）意識的向內意向作用及「靈性潛意識」的發掘

　　胡塞爾認爲意識不僅能向外認識亦能向內認識，意向性作用向內意向時，可以意向出內心中的「純粹意識」（reine Bewußtsein）。在對內心的價值深掘這一方面，胡塞爾以「懸置」（Epoché）這個概念來說明，前面說到，胡塞爾反對以直接經驗作爲事實，來分析人的心理或是行爲，甚至以直接經驗作爲生命的基礎，發展科學、哲學的驗證和討論。他反而主張將一切未經驗證的事物都懸而不論、不作價值批判，剩下的才是眞實的本質，我們應該在所剩餘的本質中知覺、觀察、經驗，而非對未懸置之前的事物和道理照單全收。胡塞爾所謂的「懸置」（Epoché），針對的範圍其實很大，他在其書中說明，該懸置的事物包括「自然世界」、「觀念世界」、「各種普遍科學知識」、「我思」、「我們自己」……等等，在懸置之後所剩餘的便是「純粹意識」，而現象學所主張的存在和建構，便在對「純粹意識」的體驗和考察中進行。〔註29〕

　　當人們懸置了世界、自我以後，針對「現象學的殘餘」或說「意識的殘餘」，開始進行哲學思維，最終可以透過意識的意向性作用，看見「能意」和「所意」兩者各自開展出的「自我」和「現象界」，進而找到內心中相對於器世間不受外在價值干擾的「純粹意識」（reine Bewußtsein），或稱作「超越的純粹意識」（transzendental reine Bewußtsein），由此「純粹意識」的意向性向上推導，胡塞爾試圖尋找意識的歸結之所，最終找到「超驗自我」〔註30〕（或譯

〔註28〕Edmund Husserl 著，倪梁康譯《邏輯研究第一卷──純粹邏輯學導引》（臺北市：時報出版社，1994 年），頁 53～61。

〔註29〕同註 26，頁 89～98。

〔註30〕針對如何由超越意識推向自我的論證，以及對自我的描述大多呈現在《笛卡爾的沉思》中，這是胡塞爾晚年的著作，在此著作中胡塞爾試圖以意識的意向性作用，推導超越意識、經驗意識的歸結之處，以釐清個體和世界的關係，

作「超驗主體性」)。相對於「超驗」而言，是針對現象界的「經驗意識」，而胡塞爾所主張的哲思，即是透過對「意識的意向性之把握」和「現象學懸置的方法」，將「經驗意識」上提至「純粹意識」，當人把握了「純粹意識」，便可以理解器世間的根本和自我的終極價值。

　　胡塞爾提出了「意向性作用」，使「意識」的作用不僅止於感知、認識，還可提供個體超越器世間，達到心智自由的可能性。這樣的意識作用，也為弗蘭克所用，使用意向性的轉變，讓病人從自身疾病上轉移，並以人可控制自己的「意向性」之主張，作為意義治療學「自我分離」的基礎。在向內意向的部分，也有弗蘭克的汲取之處，透過意識的向內意向，人可找到其存在的最高價值，即所謂的「純粹意識」。而弗蘭克所提出的「靈性潛意識」亦是藉由觀察「責任感」和「良知」的外在表現，以「存在分析」向內溯源找到的。但是，弗蘭克所找到的「靈性潛意識」和胡塞爾的「純粹意識」卻有特性上的不同。「純粹意識」具有屏除價值，超然獨立的地位，在「純粹意識」中，個體可以放開所有未經驗證的軌跡，以純然的視角觀察自我和外境，但「靈性潛意識」直接指向人的善性作為，似乎不類「純粹意識」般剝除價值的特色。事實上，雖然弗蘭克強調實行意義治療的醫師，必須毫無偏見去引出病人的內心意義，而患者也應該放下價值，使自己的內在可以純然顯露，並在顯露中找到自己的意義。但是觀察弗蘭克針對找尋意義所必備的「意志自由」和「意義意志」，以及兩者的源頭「靈性潛意識」之描述，就會發現弗蘭克在他所謂的「無價值」中，加入了許多「為善」的前提假設，這和「純粹意識」有很大的不同。

　　胡塞爾提出的「純粹意識」既可獨立於外在痕跡，純然內在於人心理，又具有無限的包容性，可使人超離價值、排除評價地觀看世界。但是這樣不包含任何外境因素，超然獨立的主體，卻令人很難想像其內涵，如果「純粹意識」沒有任何未經證實地經驗及分別，只是一渾然清明又先天的內在存有，在其不論前世及輪迴的狀況下，是否也表示著懸置所有外在軌跡的「純粹意識」是一個空白的主體。這難以使用經驗來解釋的缺漏，則在接續其說的海德格哲學被進一步解釋。

　　　　因此在此書中，胡塞爾大量討論了自我、超越主體性之議題，還有生活世界之建構。

二、「在世存有」對意義治療學的啓發

弗蘭克說「靈性潛意識」不同於「本能潛意識」，他不會「驅使」（push）人從事本能的反射性動作，反之使人「趨向」（pull）道德良知原則。又弗蘭克從自身體驗，和人的責任感（responsibility）跟良知（conscience）的實際表現中，尋找到「靈性潛意識」的存在，可見在弗蘭克眼中，「責任感」、「良知」、「道德」這些人性特質，均不是反射動作，而是透過「意志自由」的作用，表現出的自主行爲。

弗蘭克在論述「意志自由」時，描述：「擁有意志自由的人，不僅能向外在世界上立足，也能在自己之內尋求立足。」〔註31〕又說「人的自由意志直接屬於他的經驗資料。」〔註32〕在此，弗蘭克要描述「意志自由」向內和向外意向的功能，他還說明了「意志自由」不可離開經驗世界的條件，甚至「意志自由」的彰顯，必要在經驗世界內證成。從這裡可以看見，弗蘭克認爲人內心中的自我確認，以及個人作爲認識主體，能向外作用、向內建立心靈的張力的能力，是來自人在經驗世界的軌跡。更進一步的說，人必須深刻投入經驗互動中，才可理解自我確認的眞諦。也因此，弗蘭克才會不斷地提到尋找意義是一種內求，從內心中去尋找自我應完成的任務，因內心中已包含了個體在這個世界中生活，所印下的種種軌跡，這些軌跡，會帶領「意志自由」在累積的經驗中自由探索，找尋「意義」並引發「意義意志」。

（一）「在世存有」與經驗間的關係

弗蘭克會有這樣的想法，應是由於他接受了海德格（Martin Heidegger，1889～1976。）哲學中的「此在」（Dasein），〔註33〕作爲其「存在分析」的基底，並以海德格的「此在」思想來認知人存在的狀態，以此狀態爲出發點，作爲意義治療實際操作時的核心理念。「在世存有」或「此在」是海德格哲學中很重要的理念。作爲胡塞爾的學生，海德格受到了「意向性」這個概念的啓發，並加以轉化，賦予新意，相較於胡塞爾以意識的意向性行爲，爲「針對某物的意識」，海德格卻認爲，意識是在「個體對某物作意向性動作時」

〔註31〕" He become capable of taking a stand not only toward the world but also towad himself." 參見：註14，頁19。

〔註32〕"Man's freedom of will belong to the immediate data of his experience. These data yield to that empirical approach which, since Husserl's day, is called phenomenological." 參見：註14，頁18。

〔註33〕參見：註6，頁32。

構成的〔註34〕。換句話說，海德格不是以人作爲中樞向外使外在世界彰顯，
反而有意融合「人」和「外在世界」，使個體自身在與外境的互動中顯現，
這也是海德格存在觀的與眾不同之處。由於海德格對意識作用的解釋有異於
胡塞爾，他同時也改造了「純粹意識」的內容。相較於「純粹意識」，海德
格提出「本眞性」（Eigentlichkeit）作爲人存在的最高價值，「本眞性」即包
含了生活與世界互動時，所留下的形形色色之軌跡，並將生活於敞開世界中
的人，能夠包容並傾聽萬物萬象，而不傾於偏執的價值觀，定義爲能回返自
身，彰顯存在最眞誠的面貌，並以本眞性生活的人。〔註35〕

　　在海德格哲學中，「存在」並不是一個主體超越性的問題，而是「在世界
中存有」（In-der-Welt-Sein），存在的個體唯有在一個具有文化意義的有機體
中，與其他共存者互動，才能在互動中意會到自己的存在。他在《存在與時
間》的序言中說到「存在問題」的討論，他提出當存在者問出什麼是「存在」

〔註34〕 張祥龍於其文提到：「現象學」的原本含義被海德格爾理解爲「讓那顯現自身
　　　　者，以一種從自己本身顯現自身的方式，被從它本身那裡看見。」這種理解
　　　　明顯地受到了胡塞爾的以「意向構成」爲樞機的現象學的啓發。參見：張祥
　　　　龍：〈「Dasein」的含義與譯名（「緣在」）——理解海德格爾《存在與時間》的
　　　　線索〉，《普門學報》第 7 期（高雄：普門學報社出版，2002 年 1 月），頁 93
　　　　～117。

〔註35〕 「本眞性」是貫串海德格哲學中的重要概念，但海德格對「本眞」的解釋並
　　　　不直接，它多半講解何謂「非本眞」，在用排除「非本眞」的描述去講解「本
　　　　眞」。因此這裡借用那薇在其著作中對「本眞性」描述，來定義何謂「本眞性」：
　　　　首先，本眞存在是將心敞開於萬物中，使自己與萬物通貫，與萬物之本然和
　　　　平共處。第二，唯有處於這樣的敞開中，人才能明白自己的本質，並向著本
　　　　質存在，當人能像著本質存在，才能眞正彰顯本眞。第三，從人與物的關係
　　　　來論說本眞性，則人與物的融合一體的狀態，才是本眞的彰顯，換句話說，
　　　　人與物的本眞性關聯，是直接將物使用在生活中，以它的實際用途與之相處，
　　　　而不是將它放在不上手的地方從旁分析。第四，本眞的上手，和本眞的認識
　　　　都是先於感性和理性的對象性認識，而是一種自然的、本源的非對象性認知。
　　　　參見：那薇：《道家與海德格爾相互詮釋》（北京：商務印書館，2004 年），頁
　　　　26～27 與 106～109。另外，李德材整理了本眞性開顯得三個存有學環節，分
　　　　別是：1.怖慄（Angst）2.良知（Gewissen）3.抉斷（Entschlossenheit）。說的是
　　　　人開啓本眞性的內在動力，怖慄可做爲但幽自己沉淪至非本眞的蒙昧，而促
　　　　使自己持續開顯本眞性；良知則是本針對被拋擲在非本眞的人所做的呼喚；
　　　　抉斷則是肯定本眞和非本眞同是此在，而人以哪一種方式存在的關鍵，在於
　　　　自己的抉擇。有關這三項，將在第四和第五章中更詳細的說明。參見：李德
　　　　材：〈海德格《存有與時間》與生命教育之哲學基礎初探——以本眞性和非本
　　　　眞性存在爲核心之探討〉，《止善》第 4 期（臺中：朝陽科技大學通識教育中
　　　　心，2008 年 6 月），頁 145～173。

的時候，存在者本身就對「存在」有了一定的解釋，並已身處在「存在」的語境中了。由此可見，「存在」已被發問者設為前提，不論我們使用多理性的方式討論存在問題，「存在」本身永遠先行於這些提問和討論。〔註36〕因「存在」先於我們「意識到存在」，又討論「存在問題」必包含人在世界中的談話語境，故人的存在是一種「在世存有」或作「此在」（Dasein），意即透過自己的存在理解自己。

透過「此在」的理解，便可以推斷出弗蘭克如何將「靈性潛意識」作為獨立於內在之心理層次的同時，又認為他同時內含社會上「善」的價值觀，並從內驅動人在追尋到意義前，就將「善」考慮進「意義」的性質中。因人在意識到自己的存在，或是詢問存在意義為何之前，就已經存在於生活世界的境域中，並與周遭世界彼此開放且寬容的相互包含，由於「此在」的緣故，當人使用存在分析向內探求「意義」或使「靈性潛意識」呈顯時，自然地就會將生活世界中良善的正向價值，放進抉擇中。這也是人表現出「責任感」、「良知」等道德行為的心理歸因。

（二）「本真性」與主宰自我的關係

由於「此在」的主張，個體在世界中存在，幾乎是不可選擇的事實，因此人是不會失去存有性，但是人卻可能失去存有的「本真性」（Eigentlichkeit），落入「非本真」（Umeigentlichkeit）存有。縱使「此在」本然如此、不曾改變，但卻不是每一個人都能清明的理解自己的「在世存有」，而使自己成為外物或他人支配的對象。海德格所說的本真，是一種從繁瑣中抽身出來，以全面的關照與世界互動的心靈狀態，這種心靈狀態的開顯，可以使人真正的在「此在」中存有，而非將世界理解為一個客觀的他者。換句話說，人的「在世存有」是不能被改變的事實，人一生下來即與「此在」互相開放，因此，不論人以「本真」或「非本真」的方式生活，都不能離開此在，但以「非本真」生活的人，將世界中的某一些準則、規範借代為世界整體，以一種偏頗的心態，將生活世界化約為依照人們設立之種種規範運行的機械，而自己就是機械中的一個卒子，身處規則中被機械的運行逼迫行走，不得不服膺於繁瑣俗世的逼迫。但是回返「本真」的人則超脫這些林林總總的束縛，清楚地照見周遭事物與所處世界，並於身處世界中，自然地表現自己的存在，主宰自我

〔註36〕海德格著，陳嘉映、王慶節譯：《存在與時間》上冊（臺北市，唐山出版社，1989年。）頁7～13。

抉擇。

　　針對使人失去本眞性的繁瑣，海德格以「煩」（或譯作「牽掛」）（Sorge）來說明非本眞性的存有模式是如何開顯在日常生活中的。海德格將不能理解此在的人稱作常人，他說：

> 此在從這個世界中——而首先是按照常人解釋事情的方式——獲取他的各種可能性。常人的解釋自始就已經把自由挑選的各種可能性限制在本份適宜的、眾所周知的、可達到的、可忍受的東西的範圍之內了。這樣把此在的各種可能性敉平為日常當下即可獲致的東西，同時就使可能的東西的可能性質變淡了。煩忙的這種平均日常狀態就變成對可能性盲目無知從而就安安定定處於只是「現實的東西」中。〔註37〕

因為常人將自身的存在，限制於日常雜務和他人的命令中，所以使自己陷身於繁瑣的日常，並誤以為「日常生活」即是存在的「本眞狀態」，也因此認為將當下可獲致的東西照顧好，就是存在的任務。這使得人被拋擲到煩忙中，進入「非本眞的存在狀態」。因此，如何從此狀態中跳脫，由理解存在使自己握有積極的主動權，讓此在的自身回到「本眞狀態」，便是很重要的課題。

　　這種回返「本眞」的觀點，與意義治療學中「開啓靈性向度」的說法很相像，弗蘭克在論說人主導自己的意志時也不斷的提及，透過當下態度的轉變，即可開啓靈性向度，當靈性向度開啓時，人的身心靈才能夠達到整全，「靈性潛意識」的作用也才能夠明確的彰顯，一般對「靈性」層次沒有意識的人，很容易成為低層次的精神產物，成為受潛意識驅使的動物。海德格亦認為人一般都會先處在非本眞的狀態，為俗世的繁雜服務，並誤以為自己的生存價值，建立在他人設立的種種規則上，讓自己成為被社會訂製的機械，而落入「非本眞」的迷悟。但其實處於「本眞」或是「非本眞」狀態，只是個人選擇而已，「本眞」並不會散失，只是被遮蔽或隱藏，只要人有意識地從「煩」中掙脫出來，便能以「本眞性」表現「此在」。

第五節　小　結

　　意義治療學主張意志能自由決定行為、感受，相較於精神分析學派認為

〔註37〕同上註，頁 245～246。

人的行為是受到本能驅使，而依照慾望和需求來決定自己的行為，弗蘭克認為人可以透過態度的轉換，超越需求和慾力的驅策，作決定自己行為的主人，並在「意志自由」的基礎上主張人天生具有追求生命意義的心理傾向的意義意志，其創辦人弗蘭克將人生看作一場尋找意義的任務，認為協助病人尋找人生的意義是治療心理疾病和精神官能症的最佳方式，他也列出人生意義的三個種類：創造性意義、體驗性意義、超越性意義。其中放在「死」、「痛苦」和「愧疚」的超越性意義是體現意義治療學之高度的核心，這三種不適或恐懼表面上造成人生的限度，但實際上也是這樣的限度提供給人生確認意義的能力。

意義治療學之所以能有別於精神分析，是因為弗蘭克主張人的潛意識應分為兩種，除了精神分析所說的本能潛意識以外，尚有靈性潛意識存在，這兩者的職司與特性是完全不相同的，本能潛意識使人依照心理的需求行反射動作，但靈性潛意識則給人超越當下的可能性，靈性潛意識無法從人的反射動作中被觀察，因此很難直接被察覺，然而弗蘭克有意將靈性潛意識置於本能潛意識之上，他不但將靈性潛意識描述為根源於潛意識最深處、人天生本有的內在力量，還認為靈性潛意識在高度發揮作用時可以協助人控制身體、精神，並作為整合身、心、靈的主軸。靈性潛意識提供了意志自由和意義意志的所需的心理根源和內在動力，為此二者的源頭。靈性潛意識也成為意義治療學派對精神分析學派最主要批評的焦點，當精神分析學派忽略了潛意識中的靈性部分，則其對心理的理解就少了一大半，因此才會將人當作受潛意識控制而沒有自主決定權的魁儡，以意義治療學的角度來說，人本身就具有自己的決定權，可以自由選擇人生意義並對自己的行為負責，而這樣的情況在極端的生命處境中更可以看見，當人處在生命低谷的時候我們更能看見一個人所作的選擇不僅是為單純的生存而已，人會為了更高的生命實踐而選擇自己的作為，這便是意義意志的可貴之處。

弗蘭克所提出的諸多概念中，隱含著他個人的哲學思想，其中影響意義治療學的構成，最大的哲學思想莫過於胡塞爾的「意向性作用」，和海德格的「在世存有」。「意向性作用」明確的描述意識的運作狀況，弗蘭克將其運用在他的治療上，透過改變病人的意識對象，進而治癒他們的精神官能症，除治療之外，意識的向內意向，也提供弗蘭克說人可以向內尋找意義，尤其是超越性意義的後盾。在意義治療學的學說中，人的經驗和生活世界是很重要

的意義來源，甚至是意志自由可以作用的關鍵，此種觀念應出自海德格所說的「此在」，由於人就存在其生活的世界，甚至必須在世界中感知周圍的狀況，與之產生互動，才能夠確認自己的存在，意義的來源就在這樣的存在概念中出現，而靈性的彰顯亦與切實的理解此在狀態相關。

第四章　勝解及超越性意義的形成
及重要性

　　弗蘭克從發現「靈性潛意識」說人有「意志自由」和「意義意志」，除了以此否定心理學的決定論之外，更重要的是在潛意識中找到人自我超越的來源。在「人生意義」中，弗蘭克最重視的就是「超越性意義」（the stand we take toward a fate we no longer can change），它是人行使意義意志的終極表現，也由此呈現出人最可貴的價值。與之對比，心識所以在原始佛教時期乃至大乘唯識學都受到如此重視，就是因爲以佛教的觀點來看，人的解脫與心識的認知狀態有很大的關連。《唯識三十頌》列舉五十一心所，明確分析心識分別外物的狀況，即是要人能夠理解受、想、行、識的無常本質，體會我們所處的眞實，從理解的轉換中，使人改變自己的反應、改變對外境的看法，最終能伏斷煩惱，離苦得樂。因此在五十一心所中，有「勝解」一類，表示人對自我價值的確認，當人印定與眞實理解相關的決定境，則對解脫具有增上作用的勝解，就會因個體的自我確認使心識續生正向的改變。

　　「超越性意義」和「勝解」分別代表了「意義治療」和「心所」中，認識習慣的轉變，也是內心價值轉換的關鍵。「勝解的生起」可使人具有眞實理解，而「超越性意義」則是人依意義生存的最高表現，但一個人要使勝解生起，或是尋求出超越性意義，有兩個重點必須釐清，首先是內在自我覺醒的必要。其次則是個體朝正向價值靠近的可能性。唯識學中有「自證理論」，講心識對於認知的反省和修正，不僅可以此處理有情如何由內部改變認知，也可理解認知的轉變如何將有情推向解脫之途；意義治療則認爲意志自由讓人

具有「自我分離」的能力，使得外部的紛擾得以屏除於內，使人能自主向內
尋求意義，此為意義治療的自覺能力，又靈性潛意識的特性已被弗蘭克除預
設為善，故由靈性潛意識為源頭所尋求出的「超越性意義」，也會自然展現人
類善的特性。

　　在此之外，《三十頌》和意義治療在其最高價值的討論中，都包含了對命
限的應對。然因唯識學的終極關懷指向清淨解脫，不僅於現世遠離煩惱障，
更旨在建立宏觀的生命圓融，使生命撥邁當下處境，放眼更寬容宏大的境界；
而意義治療學則侷限於當世中，除幫助病人不受心理疾病的影響，能夠正常
的生活，更重視引導人們找到生存目的，使其有意識將意義追尋當作生命任
務，藉此消解當下障礙身理、心理的不適或不如意。因兩者目標的相異，其
針對「死亡」、「痛苦」這兩大主題的討論也有不同的地方，本章即從兩種理
論的自我覺察能力出發，比較兩者對心識的自我確認之描述，與在命限處置
上的不同運用。

第一節　意義治療學與心所對話的可能性

　　唯識學和心理學分析心理的目的是不相同的，所以對心理的分析方向以
及結果也不同，強行等同兩者的概念是很不恰當的。〔註1〕因此本論文將分別
比較兩者的出發點及結論，並在其論述過程中，尋找相同的重點，討論其異
同，在對話中尋求可互補之處。意義治療學以追尋意義作為目的來觀察人的
心理，和《唯識三十頌》以修行〔註2〕或解脫作為目的來劃分、安立各個心所
具有類似的初衷，這兩者都不單純以經驗來分析人的心理狀態和行為，認為
人除了在器世間尋求生活的舒適外，還有追尋更高意義的使命感，只是《唯
識三十頌》已點出追尋的最高意義，故可以從解脫觀的立場細膩地分析人的

〔註1〕劉宇光曾就佛教的「煩惱」被誤讀為經驗心理學的「情緒」提出批評，事實
　　　上，煩惱不僅僅是情緒，煩惱還關乎人通向解脫的障礙，是唯識學的「負面
　　　價值」，他關乎人何以一直處於無明的狀態，而不僅僅是因為心理不適而引起
　　　的情緒而已。參見：劉宇光〈佛教唯識宗「煩惱」的基本性質——心理學概
　　　念與倫理學概念之辨〉，《復旦哲學評論》第4輯（上海：上海人民出版社2008
　　　年），頁164～203。

〔註2〕林國良在其文〈唯識認知理論的現代心理學解析〉提出，五十一心所的分類
　　　和分析重點，有明顯為佛教中的修行理論服務的傾向。《普門學報》第18期
　　　（高雄：普門學報社出版，2003年1月），頁79～98。

各種反應、提出解決辦法，而意義治療學則對個人的意義採開放式態度，所以分析的風格也較籠統，多半以患者的個案來舉例。以下筆者便將「心所分析」與「意義治療學」可供對照之處列出，並討論兩者相互對話的可能性。

一、「思、欲、慧」和「意志自由」

　　認為人具有自我覺知的力量，是唯識學和意義治療學的共同主張，在《唯識三十頌》的偏行和別境心所中，亦可看到自我覺知的表現，偏行心所的「思」、別境的「欲」和「慧」，是三個善惡不定的心所，之所以說善惡不定，是因為這三個心所的功能都作用於心識尚不能印定善、不善或無記的時候，必須依賴其餘同時生起的心所，或是所緣境的性質，才能判斷其業用的性質。

　　首先說「思」，「思」雖然是偏行心所的最後一環，但他只是驅使八識心王對所緣境做出善、不善、無記的反應而已，他的功能是使心識意識到自己應該對當下的處境造作善、惡或是無記；「欲心所」以所樂境為緣，使人對當下所對的境，興起想要持續維持或再次緣取的希望，「欲」的作用本身不能確定是善還是惡，要看所樂境的內涵才能決定會引發勤還是懈怠；慧是思更進一步的心理作用，也就是在針對思的直接反應作進一步的推度，「慧心所」的作用是簡擇對錯，然後使個體相信簡擇的結果，但結果不一定是唯識學的善法，當結果為善法時才能引發殊勝，為不善時則會引發煩惱。這三種心所是心識印定善惡的前哨站，也是心識自由思考、選擇的關鍵點。當心識選擇了善法作為「思」、「欲」、「慧」的引發，他們才能有正向的業用，善心所也才能相應而生。

　　對意義治療學而言，其自我覺知的主張，明顯表現在「意志自由」上，「意志自由」說的是人擁有自由使用意志，決定行為及思考的能力。然而，弗蘭克在解釋意義治療學的三個基本架構時，雖然有假設意志和意義為善的傾向，卻沒有明確的表示他們一定和「善」有關，也沒有說到他認為的「善」應該具有什麼特性。但在觀察其依恃的哲學背景可知，弗蘭克很重視個人和世界的互動，也認為記憶、體驗、經歷等生命養分，能夠在內心積蓄成意義的軌跡，形成內求意義的可能性，只是人會誤以為外在瑣事以及社會價值是限制自己的主要條件，而忘記自主的能力出於自己的內心力量，只要人願意轉換態度，縱使處境不變，仍可以激發心靈的能力，不僅在理解、應對上能轉換，甚至因視角的不同，可以使自我超越世俗控制，開啟靈性向度，而能

使「意志自由」行使，反而能反轉過來控制身體、精神乃至處境。

二、「超越性意義」和「勝解、輕安、煩惱」心所

當人有了自覺的力量，不僅能夠掌控自己意識的主控權，也能自己決定要以什麼樣的態度面對人生中的「痛苦」，和生命的最終限度——「死」。對意義治療學來說，人對於「死」、「痛苦」的超克是放在「超越性意義」上說的，「超越性意義」的體證是人超克身體、精神的可能性，也是人行使「意義意志」的最高境界。超越性意義尤其放在「死」、「痛苦」和「愧疚」上來說，弗蘭克將這三者標幟成人生中不可改變的限度，然後再以限度為基石，作為人使用意義意志超克自我的基準，藉以說明意義意志的高貴，當人以轉換態度的方式用意志克服限度，使死、痛苦、愧疚從人生的障礙轉成助力，意義意志的功能當然非比尋常。這和《三十頌》列出煩惱心所與善心所相互對照，顯明勝義、俗義之分，再以個人內在覺醒的選擇能力，論證從俗入勝的可能，並同時顯示出善法的殊勝有一定的相似度。

但是從佛教的觀點來說，人生只是有情的週期，死亡只是另一個開始，所以煩惱心所並不是從生命的終結來講人生限度，而是從人的自我障礙：「貪」、「瞋」、「癡」來說，由於萬法唯識是《三十頌》最重要的核心思想，當我們周遭的事物都只是心物關係的呈現，而不是真實存在，則我們對有情世間的執著不過是心念的作用。因此，《三十頌》以「貪」、「瞋」、「癡」為源頭，分析其細微的變化和發展而成煩惱、隨煩惱心所。故而貪、瞋、癡便成為要生起善心所的超克基準，當「思」、「欲」、「慧」生起時，心識的抉擇力使個體伏斷貪瞋癡，則人便能實現自我超越，使自己從相信善法開始乃至實踐修行。

所以，在唯識的說法裡，並不講求超越性，而是以一種真實的理解，去體悟煩惱本身不具本質的和合狀態，使執著自然消解，煩惱自然也會因為沒有外緣的依靠而不再生起。以這種形式來伏斷煩惱，心識能否生起真實理解就會跟能否解脫直接相關，因此「勝解」心所的持續生起，是有情消解煩惱，常與善性相應的關鍵。此外，要使「勝解」時常生起，讓有情因正確理解而輕鬆愉悅的「輕安」心所，亦是重要心所。

唯識學以萬法唯識作為人認知的轉變和伏斷煩惱的核心，心所亦起於因緣俱足，不論是遍計所執還是依他起性，均瞬息萬變，不具有恆久性。作為心所之一，勝解的生起雖是善心所的出現的前哨，也是處於被遮障的當下，

意識到勝義並決心實踐，成就修行、悟道、解脫很重要的關鍵，但也瞬時生滅，無法持續不斷，因此在人同時相信外境爲假爲虛幻的同時，如何持續毫不猶豫的判斷眞理並印定之，便成爲困難的命題。而對意義治療學來說，「善」之立場是其難以定義的盲點，弗蘭克有意識地將「靈性潛意識」作爲「意志」和「意義」爲善的源頭，以此保證一個人所追尋意義和欲完整的生命，是符合「善」的價值的。雖然可以從「此在」的角度去解釋人因與世界具有互動，並存在於世界中，因而處境裡的正向、負向價值，自然而然能夠成爲人做任何判斷的前理解。但是弗蘭克所謂的「善」包含怎麽樣的特質，以及這些特質如何合理的與「靈性潛意識」和「超越性意義」合在一起，使意義治療擁有完整的內在結構，是較難解釋的部分。以下先就前一段提及的第一個問題，即唯識學中對「勝解」的闡釋部分論述。

第二節　勝解形成的條件和重要性

《唯識三十頌》中將「勝解」分在「別境心所」，需與特定境相應才會生起，但是在世親較早期的著作《阿毘達磨俱舍論》中，卻對「勝解」有不同的解釋，其頌有言：「心所且有五，大地法等異。」「受、想、思、觸、欲、慧、念與作意，勝解三摩地，遍於一切心。」針對以上頌文世親解釋道：

> 諸心所法且有五品，何等爲五：一大地法、二大善地法、三大煩惱地法、四大不善地法、五小煩惱地法。地謂行處，若此是彼所行處，即說此爲彼法地，大法地故名爲大地，此中若法大地所有，名大地法，謂法恒於一切心有。

> 如是所列十法，諸心刹那和合遍有，此中受謂三種領納苦、樂、俱非有差別故。「想」謂於境取差別相；「思」謂能令心有造作；「觸」謂根境識和合生，能有觸對；「欲」謂希求所作事業；「慧」謂於法能有簡擇；「念」謂於緣明記不忘；「作意」謂能令心警覺；「勝解」謂能於境印可，三摩地謂心一境性。諸心、心所異相微細，一一相續分別尚難。況一刹那俱時而有，有色諸藥色根所取，其味差別尚難了知，況無色法唯覺慧取。〔註3〕

〔註3〕《阿毘達磨俱舍論》卷4（《大正新脩大藏經》以下簡稱 T29, no. 1558, p. 19, a8～25）。

《俱舍論》對心所的分類爲：「大地法」、「大善地法」、「大煩惱地法」、「大不善地法」、「小煩惱地法」。其中與一切心皆相應的是「大地法」，相當《三十頌》中「徧行心所」的定義，包含「受」、「想」、「思」、「觸」、「欲」、「慧」、「念」、「作意」、「勝解」。在《俱舍論》中並沒有「別境心所」的概念，因而大地法中包含了《三十頌》裡的「徧行」和「別境」兩類。然而到了《唯識三十頌》卻將「別境心所」另外分出來，顯見世親在晚年，對於「勝解」一類的心所，已有了和《俱舍論》時期不一樣的見解。

從經典的對照上看來，《唯識三十頌》中的「勝解」，已與「和一切心相應」分別，轉變成只與「決定境」相應的特定心所。又從《瑜伽師地論》的分類中觀察，其心所分類，比《三十頌》多出兩種，即在「欲」和「勝解」之外，分出「邪欲」、「邪勝解」〔註4〕，也就是說《瑜伽師地論》認爲「勝解」是正向的心所，而「邪勝解」是有情印定邪教理的心理狀態，《三十頌》將這兩種心所合在一起，則表示《三十頌》認爲「勝解」是善惡不定的。在考慮「勝解」只與特殊境相應，以及其善惡不定的性格之下，「勝解」要作爲解脫的推手，則須從其生起的條件中，討論使「勝解」趨於正向的可能。

一、「勝解心所」與「阿賴耶識」和「慧心所」的關係

在第二章解釋《成唯識論》各心所時，略論過「念」、「定」、「慧」對於「勝解」生起的作用。「念」可牽引記憶和經驗，「定」能令人專注，使一心不散，在「念」、「定」的協助下，「勝解」則能在外境變動保持有情持續相信的力量，但眞正決定「決定境」的性質爲何，則是「慧」的簡擇。「慧」於根、境、識三和時，抉擇應對的心理和方式，決定接著生起煩惱、隨煩惱，還是依勝解續生善心所，可以想見，「慧」的簡擇，不僅決定了「勝解」的內容，亦決定了「念」、「定」專注的面相。然而「慧」的當念抉擇，並不是無中生有，而是依著「阿賴耶識」所收攝的種子所決定的。《唯識三十頌》說「阿賴耶識」是：

> 異熟、一切種，不可知執受、處、了，常與觸、作意、受、想、思相應，爲捨受，是無覆無記，觸等亦如是，恆轉如瀑流，阿羅漢位捨〔註5〕。

〔註4〕《瑜伽師地論》卷58（T30, no. 1579, p. 622, b23～c14）。
〔註5〕《唯識三十頌》（T31, no. 1586, p. 60, b4～8）。

「阿賴耶識」含藏異熟和一切種，李潤生以阿賴耶具有「能藏」、「所藏」、「我愛執藏」之意，釋阿賴耶爲「自相」，種子爲「因相」，異熟爲「果相」，而因相和果相是別相，需依賴自相存在，〔註6〕阿賴耶識可將「有漏種子」、「無漏種子」、「已熏習異熟種子」、「未熏習異熟種子」、「等流種子」都收藏起來，並常以此收藏，與徧行心所相應，也就是說心所透過觸、作意、受、想、思各各生起，但不論生起的心所或是由心所續生的種子，都是以阿賴耶爲依的因相或果相，阿賴耶可以其含藏的種子與之相應，並統合前念後念，使人不會因爲心王、心所因與外境偶然的遇合而生，而有散亂不能集中的認識。

「阿賴耶識」也具有「相分」和「見分」的分別，也就是說，當「阿賴耶識」接觸外境時，亦會分別出「能緣」和「所緣」，世親將阿賴耶識的認識對象也就是「所緣」，解釋爲種子和根身的兩種執受以及外器世間；將阿賴耶識的取境現象也就是「行相」，解釋爲對所緣的了別。又世親將行相定義爲：「諸心、心所取境類別」〔註7〕。因此，所緣的了別也就是「心、心所」，是從屬於「阿賴耶識」的取境現象，依於阿賴耶而了別世間的種種現象，如此便可依阿賴耶的收攝力，連結心所間的關係，使有情理解每一念間的關聯。

既然種子接收於阿賴耶中，則其可在「慧」發揮簡擇力時，使有情自然地以種子的內涵，做出符合習氣的決定。若是「阿賴耶識」中具有善的種子，則在對境時，人就會依照其多生累劫的善性，使「勝解」對應善的「決定境」，並且依阿賴耶識收攝種子的能力，使「勝解」之後生起的心所與之達到一致，有情便可在心念的一致性中，維持善念不滅，藉由心識的相續，達到超脫煩惱的可能。從這個角度來說，「慧」依阿賴耶中的種子簡擇善，而「勝解」依賴耶的收攝力在念念相續中被人理解，且在自身的努力下，可以執持此「勝解」來相應於後念善的興起。這樣的理論可以解決勝解如何在依他起的心所理論中，不會因所緣決定境的消失就散滅，仍可爲心識所依，成爲其後善心所生起的憑恃。

〔註6〕李潤生：《唯識三十頌導讀》（新北市：全佛文化，2011 年 11 月修訂一版），頁 164。

〔註7〕陳一標曾在解釋「不可知執受」這一句時討論到「阿賴耶識」的「能、所」問題，參見：陳一標：〈唯識學「行相」之研究〉《正觀雜誌》第 43 期（南投：正觀雜誌社，2007 年），頁 6～21。

二、「自證分」和「證自證分」在心所生起中扮演的角色

在《唯識三十頌》的認識論中，心識可了別外境，但世親並沒有很明確的說明心識如何了別外境，使得其後有十大論師等不同的詮釋，以至於發展出從安慧、難陀、陳那、護法的一分至四分說。〔註8〕安慧的「一分說」將識以外的事物都看做虛妄的遍計所執性，只有識為依他起的相較真實，在人的認識行為中，亦只有識一分的作用〔註9〕；難陀則採取識似見、相兩分的「二分說」，將認識行為區分為作用和對象兩個概念，而陳那的「三分說」在見、相二分之外加上自證分，以其作為見分緣取相分的結果；護法的「四分說」是在陳那的三分說之後，另外加上「證自證分」形成的，「證自證分」不僅做為「自證分」的量果，也和「自證分」互緣互證，用以自我檢核認識的成果。

（一）「四分說」前行認知——陳那「三分說」

由於《成唯識論》是玄奘以護法為主，雜揉他家的論著，故以四分說為基本立場，由於「四分說」參考了陳那的「三分說」，另外加上「證自證分」，故論中亦詳列三分說，再說明加上「證自證分」的原因。有關「三分說」，《成論》道：

> 達無離識所緣境者，則說相分是所緣，見分名行相，相、見所依自體名事，即自證分。此若無者應不自憶心、心所法，如不曾更境，必不能憶故。心與心所同所依根，所緣相似，行相各別，了別領納等作用各異故，事雖數等而相各異，識受等體有差別故。然心、心所一一生時，以理推徵，各有三分：所量、能量、量果別故，相、見必有所依體故，如《集量論》伽他中說：似境相所量，能取相自證，即能量及果，此三體無別。〔註10〕

〔註8〕根據《成唯識論述記》的記載：「然安惠立唯一分，難陀立二分，陳那立三分，護法立四分。今此論文護法菩薩依四教理說四差別，俱依他性。」（T43, no. 1830, p. 320, c20～23）。

〔註9〕安慧所謂的一分，即是「自證分」，他雖沒有否定「相分」和「見分」之名，但是他認為，「相、見」二分，在認識作用中並沒有真正的實質作用。安慧認為人所認識的外界是識「擬似自己」所生的相，類似於夢中所見的狀況，也是沒有依循的幻象，生幻象的時候雖然也有「見分」緣取「相分」的作用，但是這時的「見、相」只是有情在無明狀態下自己遍計的產物，而不是真正具有功能的認識環節。參見：吳汝鈞〈安慧識轉變思想的哲學詮釋〉《正觀雜誌》第18期（南投：圓光佛學院，2001年9月），頁4～42。

〔註10〕《成唯識論》卷2（T31, no. 1585, p. 10, b2～13）。

針對「認識」這個心識動作來說，「相分」是認識的對象，也就是「所量」，「見分」是認識主體也就是「能量」，「自證分」是認識結果，也就是「量果」〔註11〕。如何知道在見、相二分外仍有「自證分」，是由於「記憶」的緣故，在我們回憶時，就算沒有外境，不生見、相分，還是能憶起之前曾經認識的境相。可知在二分之外，識尚有自證性，可以對自己認識。「自證分」對自己認識的能力，除了可作為「見分」緣取「相分」的量果之外，亦可以作為證知「自己知道」的主體。也就是說，當見分緣取作為相分的可樂境，形成欲心所時，確立「欲」為量果，和知曉自己產生「欲」都是「自證分」的功用，至此為陳那的「三分說」〔註12〕。以下則是《成唯識論》中記錄的護法的看法。

　　「自證分」稱作「事」，是見、相二分的共同所依，「事」可理解為存在上的事體，但不是實體，而相分和見分同時在這「事體」上作用，換句話說，心、心所從體上說，就是「自證分」，所以「相分」、「見分」和「自證分」三者的體無別，也就是說「自證分」作為識體，可轉變出「見分」和「相分」。〔註13〕而「相分」是「類似境相」的所量，也就是說「相分」不完全等同於境相，因為外境和「相分」是由不同的種子所引起的，但「相分」是由該外

〔註11〕陳那提出了「三量」來說明有情的認識，並說明人所認識的外境究竟是「本來不存在，但透過有情之推論呈現」，還是外境「本來就實在」的問題，「三量」即「能量」、「所量」和「量果」，分別為「認識的手段」、「認識的對象」和「認識的結果」，人的認識需「三量」俱足乃能成立。然而，「量果」雖然說是「能量」測度「所量」的結果，但由於「所量」的產生，不能離開「三量」同時的出現，因此，可以說「所量」是不離開認識主體的認識對象，而「量果」進一步地說，是帶著認識對象的形象而生起的，具有了證所認識對象的功能之作用。故從「量果」的作用上來說，「量果」即「量」，而「量」與「量果」是不二的。故「三量」的分別說雖然表現了人的認識體系，但這種分別畢竟也是不究竟的認知，唯有能從分別「三量」中看到「三量」為一，才可從「有相唯識」的世俗諦中超脫，進入「無相唯識」的勝義諦，參見：陳宗元：〈陳那唯識理論的初探——以《集量論 Prama. nasamuccaya・現量章》為中心〉，《法光學壇》第一期（臺北市：法光佛教文化研究所，1997 年），頁 102～118。

〔註12〕陳那在《集量論・現量品》中說：「知境知彼別，故即覺二相，亦由後時念，成二相自證。」與上述《成唯識論》的引文相同。參見：法尊編譯：《集量論略解》（北京：中國社會科學出版社，1982 年），頁 7。

〔註13〕趙東明在《轉依理論研究——以《成唯識論》及窺基《成唯識論述記》為中心》（臺北市：國立臺灣大學文學院哲學系博士論文，2011 年 8 月）提到由自證分轉出相分和見分的說法，應可算作護法的觀點。

境的種子所帶引而起，故與該外境具有相似性。〔註14〕認識的動作便在種子
所牽引起的「相分」，以及識內的「見分」、「自證分」中完成，而外境並不包
含在認識的動作中，《成唯識論》便基於這樣的立場來說「唯識無境」。

（二）「證自證分」加入自證理論中產生的問題與解釋

「四分說」與陳那「三分說」最不同的地方，除了加入「證自證分」以
外，最重要的就是兩者對於「自證分」的定義不同，「三分說」中定義的「自
證分」是直觀的「現量」〔註15〕，在「自證分」中所呈現的量果，是不會有
偏差的正確認知，但護法所定義的「自證分」，則只是呈顯「量果」的階段，
並不具有確認「量果」絕對正確的功能。

因此，從護法的觀點出發，依有「能量」、「所量」必定有「量果」的「能、
所」關係，若「自證分」作為「見分」量「相分」的「量果」，則「自證分」
量「見分」亦是一認識活動，也必須有「量果」才可，因此在「自證分」之外，
護法又別立了「證自證分」，作為證知「自證分」的認識結果，《成論》說：

> 又心、心所若細分別應有四分，三分如前，復有第四證自證分，此
> 若無者誰證第三？心分既同應皆證故。又自證分應無有果，諸能量
> 者必有果故。不應見分是第三果，見分或時非量攝故，由此見分不
> 證第三，證自體者必現量故。此四分中前二是外，後二是內。初唯
> 所緣，後三通二，謂第二分但緣第一，或量、非量或現或比，第三
> 能緣第二第四，證自證分唯緣第三。非第二者以無用故，第三第四
> 皆現量攝。故心、心所四分合成，具所能緣，無無窮過，非即非離，
> 唯識理成。〔註16〕

〔註14〕吳汝鈞：《早期印度佛教的知識論》（臺北市：學生書局，2014年4月初版），
　　　　頁229～233。

〔註15〕陳那在《集量論》中提出了「現量」和「比量」兩種概念，「現量」指的是與
　　　　語言和概念無關的「除分別」而直接感知者，而「比量」則是依「因三相」
　　　　而比度推知者。照理來說，「現量」是先於判斷的認識，在有情針對現量，做
　　　　比附、推測等理解後，「現量」即轉成了「比量」，因此，相對於「現量」而
　　　　言「比量」是其完成的判斷。換句話說，由於「現量」只是無分別的感知，
　　　　所以對於眼前的境相，有情的認識必然是在「比量」的層次上面說，故從人
　　　　認識、表達的角度來講，「現量」是「比量」的特殊狀態，或未完成狀態。參
　　　　見：蔡瑞霖：〈因明與比量──關於兩論的現象學考察〉，《法光學壇》第三期
　　　　（臺北市：法光佛教文化研究所，1999年。）頁72～90。

〔註16〕《成唯識論》卷2（T31, no. 1585, p. 10, b17～28）。

　　但這樣的解釋便產生幾點問題，首先，「證自證分」證知「自證分」也需要一個「量果」，那是不是該再立一個「證證自證分」？《成論》的答案是否定的，主張「自證分」和「證自證分」可以互為「量果」，因此不必再立一個「證證自證分」，由此避免無窮過。據此解釋，另有人質疑，「證自證分」既然可以和「自證分」互為量果，那麼「見分」為什麼不能和「自證分」互為量果呢？這樣一來便不用再立一個「證自證分」了。《成論》則認為，「見分」的認識對象是「相分」，「相分」是與外境相關的認識對象，故「見分」有時是「非量」，也就是錯誤的認知，但「自證分」的認證必定是「現量」，也就正確的認知，因此「自證分」與「見分」不能互相證知。

　　然而，若依照陳那對「自證分」的定義，「自證分」本身就可以證知「現量」，不需要再設立一個「證自證分」來確保有情的認識可為「現量」。一些學者便據此說護法沒有真正理解陳那對於「自證分」的定義，而認為「證自證分」的設立是不必要的。〔註17〕這些反對「證自證分」的學者們，大多都以為「自證分」本身就可證知「現量」的定義，較符合唯識學的宗旨。倪梁康即提出：

> 認識活動始終都意味著，一個認識者把握著一個認識的對象，並且他把自證分等同於這個意義上的認知活動，因此，他也就把自證分看作是與見分和相分相同的一種證知活動。從這點看來，玄奘僅僅具有作為「反思」的自證分概念，但他並不具有作為「自身意識」的自證分概念。〔註18〕

若說「相分」和「見分」是識體的對外緣取，那麼「見分」即將「相分」當作對象來認識，但「自證分」與「見、相」二分性質不同，「自證分」是意識

〔註17〕吳汝鈞認為《成論》和《述記》都未提出充足的理據證明「證自證分」存在的必要：《早期印度佛教的知識論》（臺北市：學生書局，2014年4月初版），頁232～234。趙東明以為陳那的三分說在認識論來講已很完整，不必要再立四分，但他也說明陳那是由日常經驗出發建立三分說，護法卻是由識轉變（存有論）的立場出發建立四分說，兩者立場不同：《轉依理論研究——以《成唯識論》及窺基《成唯識論述記》為中心》（國立臺灣大學文學院哲學系博士論文，2011年8月），頁389～393。倪梁康以為四分理論的提出是為了避免無窮回退的邏輯結果，沒有顧及到「自證分」的本身結構，「自證分」本身就不是對象性的意識，不是「客體化的反思」，因此不存在無窮回退的危險：〈唯識學中「自證分」的基本意涵〉《現象學與人文科學第三輯：現象學與佛家哲學》（臺北市：漫遊者文化事業股份有限公司，2007年7月），頁85～110。

〔註18〕倪梁康：〈唯識學中「自證分」的基本意涵〉，同上註，頁85～110。

本身的自己知道，而非個體對意識的反思。護法以為，「自證分」需要一個「證自證分」來審視，是將「自證分」當作一個對象性的認知，但陳那的「自證分」則是一個非對象性的認知。若把識體內的自證當作對象性認識，則正確認知的成立，就必須依靠對象認識的不確定性，但以大乘唯識學主張佛性平等的前提下，「識」本身若就不具有能轉成智的絕對保證，則成佛亦有可能無法成真。

　　從上面的敘述看來，將「自證分」定義為「現量」可將無分別的認知成立，純粹回歸到識的功能，使「自證分」維持在勝義的地位，但設立「證自證分」則需牽扯有情的自我思考，也使「自證分」下降到世俗諦中，使識的結構不夠支撐成智的必然性。但是若進一步的去探討「現量」，則會發現，陳那所定義的「現量」是以「自相」為對象的認知，「自相」〔註19〕也就是直觀的境相，不帶任何分別，既是離分別的相，當然無法以言語文字明確的定義，使得「自相」的樣貌很難被人們認識。如果從日常經驗中尋找「自相」，幾乎難以舉出人什麼時候會認識「自相」，故「自相」應是勝義諦中的概念，而與之相對的「現量」亦不是一般人（凡夫）可以經驗到的。〔註20〕

　　但若要從根境識三和的角度，討論「勝解」在具有分別功能的心所中如何生起，直接將「自證分」定義為超出凡夫可接觸的「現量」，似乎有一些不合適。其實，《成唯識論》也並不是完全忽略了「自證分」本身就能夠證知無分別的認知的問題，只是他以不同的角度來解釋陳那的說法，《成唯識論》說：

> 眾生心性二分合成，若內、若外皆有所取、能取纏縛。見有種種或
> 量、非量或現、或比多分差別。此中見者，是見分故，如是四分，
> 或攝為三，第四攝入自證分故；或攝為二，後三俱是能緣性故，皆

〔註19〕陳那在《集量論》中將認識的對象分作兩種：「自相」與「共相」。「自相」指事物或對象的特殊相，只有它自己具有，不與其他對象分有。「共相」則指對象的普遍相。其中「自相」是無分別的相由「現量」認知，而「共相」是經過推理判斷的相，由「比量」認知。以上解釋參見：吳汝鈞〈陳那的知識論研究〉《正觀雜誌》第四十九期（南投：圓光佛學院，2009年6月），頁56～135。

〔註20〕趙東明認為以「自相」為認識對象的「現量」，並不是一般凡夫可以經驗到的，因「自相」在陳那的定義為：不可言說、概念思維化的，這與日常生活具有很大的落差。參見：《轉依理論研究──以《成唯識論》及窺基《成唯識論述記》為中心》（臺北市：國立台灣大學文學院哲學系博士論文，2011年8月）。

見分攝。此言見者是能緣義，或攝爲一體無別故。〔註21〕

意思是說，「識轉變」可分爲「向內」和「向外」兩種，向外的認知是「見、相」二分，向內的認知是「自證分」和「證自證分」，而「證自證分」攝入「自證分」，爲「自證分」的向內作用，兩者可以看作一體。如《佛地經論》說：「諸心、心法，雖有勝劣，皆能外緣，內證自體。猶如光明既能照他，亦能自照，非如刀等諸法。法爾不可一類。」〔註22〕也就是說《成唯識論》將「見分、相分」，「自證分、證自證分」分成兩組，作爲兩種不一樣的認知動作，前兩種是對外境的認識，亦是使個體與外境接觸，並理解外境的主要認識活動，而後兩種則是針對認識的反思和修正，當個體對外在有了一定的認識後，心識便在其內部確認認識，並針對所確認的認識（量果），思考分析、賦予意義，在內識的作用中，人便經由自我理解，生起欲、定、慧、慚、愧、憤、恨……諸多心所，上一段所述的「勝解」也需識內的「自證分」、「證自證分」相互緣取、印證後方可產生。〔註23〕因此，以《成唯識論》的「四分說」來看，「證自證分」最重要的功能就是與「自證分」互緣互證，在互證的過程中，使「自證分」確認量果正確與否。當「見分」緣取「相分」，使「自證分」確立「量果」之後，「證自證分」便緣取「自證分」，針對「量果」認識，在此同時，「自證分」亦緣取「證自證分」，在雙雙證知過程中，確立「量果」爲「現量」。

從內、外緣的角度來審視「證自證分」設立與否的問題，可以看見，《成唯識論》認爲光是能夠理解所認識的量果是不夠的，還必須有一個內在機制，確保心識能夠反思自己的認識，擁有內部判斷的功能。由「勝解」的形成來說，當人接觸到「決定境」時，則「決定境」與「阿賴耶識」內相似的種子互相牽引，使得「相分」於識內形成類似「決定境」的顯相，「見分」針對此「相分」認識，使「決定境」的內容被有情理解，而透過「自證分」有情乃進一步知道自己已認知到了「決定境」。但是，判斷這個決定境的正反價值，

〔註21〕《成唯識論》卷2（T31, no. 1585, p. 10, c2～7）。

〔註22〕《佛地經論》卷3（T26, no. 1530, p. 303b07）。

〔註23〕茅宇凡認爲見分和相分作爲外緣是心、心所向外緣取的能力，而自證分和證自證分作爲內緣則是心、心所向內自我映照的能力，前兩者是對向性的認知，後兩者則是反思的自己意識。參見：〈唯識學「自證」（svasa□vitti）理論之研究——以《成唯識論》爲中心〉《中華佛學研究》第11期（新北市：中華佛學研究所，2010年12月），頁141～169。

及是否要絕對相信此境真實，則牽涉到識內的自己辯證。也就是說，「自證分」使心識意識到已認識「決定境」，但這個階段的心識，仍無法確認這個經由前三分認識的「決定境」是否符合自己的價值，此時，「證自證分」就可與「自證分」互證，使心識不斷自己反思，確認「決定境」的內容和「勝解」的生起。這樣的四分運作，也能提供心識在辯證中，自我說服並使思維轉換，甚至讓「勝解」趨向唯識正向價值之可能。

三、從「轉依」說對治無明煩惱的動力

使正確的理解能不斷生起的最重要目的，自然還是要透過理解的轉換，讓有情能靠自己的力量熄滅煩惱，提升生命的境界，離開煩惱痛苦，顯出清淨的心境。從心、心所角度來說，即是要依靠「慧」的簡擇、「勝解」的確定力，使有情認定正理，多生「善心所」，減少「煩惱心所」。有情之所以能依靠轉換理解的心識，生出轉變煩惱的能力，是由於「轉依」這個內在動能。《唯識三十頌》中說到，一個人要捨去身心粗重，擁有出世間的安樂清淨，最關鍵處就是是否能「證得轉依」〔註24〕。「轉依」不僅是《三十頌》中解釋修行進度的重要理論，更可從此看出有情以其心識之力，熄滅煩惱、證得解脫的內在動力何在。

「轉依」是指一種身、心基礎的轉變或轉換，意味著身、心的基礎由粗重、煩惱，轉變為輕安、清淨。〔註25〕轉依即是轉「阿賴耶識」，使賴耶中的種子由染污轉為清淨，令有情能依阿賴耶中的清淨種子，從昏昧不明的俗世超脫。雖然轉依的轉的是「阿賴耶識」，但轉捨染、轉得淨的過程，依然需從心念、行為的轉換一步步修行。

心、心所法的轉換亦在轉依的過程中，表現一定的作用。《成唯識論》針對「轉依」解釋得很細，他將「轉依」分成「六種位別」〔註26〕、「四種義別」

〔註24〕《唯識三十論頌》卷1：「無得不思議，是出世間智，捨二麁重故，便證得轉依」（T31, no. 1586, p. 61, b18～19）。

〔註25〕此定義參考趙東明：〈「轉依」理論探析──以《成唯識論》及窺基《成唯識論述記》為中心〉《玄奘佛學研究》第十一期（新竹市：玄奘大學，2009年3月），頁1～54。另外，「轉依」的梵文解釋從高崎直道以及 Schmithausen 兩位學者開出兩種流派的解釋，此說趙東明外，賴賢宗在其〈「轉依」二義之研究〉，《中華佛學學報》第15期，（臺北：中華佛學研究所，2002年，頁93～113）中有詳細解說。

〔註26〕「六種位別」指的是，不同唯識位中所需證得的「轉依」，六種位別為：「損

〔註27〕來說，並另外提出三種關於心、心所的「所依」，來解釋「轉依」的「依」字。「六種位別」和「四種義別」著重在說明轉「阿賴耶識」時的步驟，以及各步驟中轉捨和轉得的內容。而所依的三種「依」義則說明轉依的內在動力，可以作爲確立與解脫相關的「勝解」後，如何續生「善心所」使其持續對個體發揮正向影響力。本論文因爲重點在「心、心所」，故以下就三種「依」義來說，前面兩種便略而不談。〔註28〕《成論》解釋道：

> 諸心、心所皆有所依，然彼所依總有三種：一因緣依，謂自種子、諸有爲法，皆託此依，離自因緣必不生故；二增上緣依，謂內六處、諸心、心所，皆託此依，離俱有根必不轉故；三等無間緣依，謂前滅意、諸心、心所，皆託此依，離開導根必不起故。唯心、心所具三所依，名有所依，非所餘法。〔註29〕

所有的心、心所法都有所依而生，心、心所的所依共有三種，分別是「因緣依」、「增上緣依」、「等無間緣依」。「因緣依」又稱「種子依」，是說心、心所依其種子而生，離開種子便不能合成因緣，所有有爲法便不能生起了；「增上緣依」又稱「俱有依」是說心王及心所皆依六根而轉，六根又稱「內六處」又稱「俱有根」，離開俱有根則心、心所必不能轉；「等無間緣依」又稱「開導依」，是說前已滅去的心念，引導出接續的心、心所法，是以滅去的前念又稱「開導根」，離開「開導根」心、心所便無法生起。唯有心、心所法具有以

力益能轉」、「通達轉」、「修習轉」、「果圓滿轉」、「下劣轉」、「廣大轉」，分別對應唯識位中的：「初二位」（即「資糧位」和「加行位」）、「通達位」、「修習位」、「究竟位」、「二乘位」、「大乘位」。參見：《成唯識論》卷10（T31, no. 1585, p. 54, b28～c22）釋轉依位別六種。

〔註27〕「四種義別」指的是「轉依」的四種意義，亦可以說是轉「身心粗重」至「身心清淨」所需要「轉得」及「轉捨」的內容，包含「能轉道」、「所轉依」、「所轉捨」、「所轉得」。又四種義別依照「能轉」和「所轉」之意各自又分成：「能伏道」、「能斷道」；「持種依」、「迷悟依」；「所斷捨」、「所棄捨」；「所顯得」、「所生得」。參見：《成唯識論》卷10（T31, no. 1585, p. 54, c23～p. 55, b6）釋轉依義別四種。

〔註28〕有關轉依的「六種位別」和「四種義別」，可參見趙東明：〈「轉依」理論探析——以《成唯識論》及窺基《成唯識論述記》爲中心〉，《玄奘佛學研究》第十一期（新竹市：玄奘大學，2009 年 3 月），頁 1～54。以及其博士論文《轉依理論研究——以《成唯識論》及窺基《成唯識論述記》爲中心》第五章〈《成唯識論》「轉依」的兩種「所依」〉，國立臺灣大學哲學系博士論文，2011 年 8 月。

〔註29〕《成唯識論》卷 4（T31, no. 1585, p. 19, b22～28）。

上三種所依，所以稱作「三所依」，其餘如色法等並不如是。

　　三種「所依」中又以「增上緣依」較爲複雜，有關前五識和第六識哪一些能有「俱有依」《成論》共計有四家不一樣的異說，分別爲難陀、安慧、淨月、護法，《成論》以護法爲正義，護法以「所依」和「依」指涉不一樣的內容〔註30〕，來說前五識和第六識、第七識、第八識的「俱有所依」〔註31〕。

　　「前五識」的「俱有所依」有四種：「同境依」、「分別依」、「染淨依」、「根本依」。「第六意識」則有二種：「染淨依」以及「根本依」。第七諸只有一種，即「根本依」，第八識亦是一種，即「染淨依」〔註32〕。「同境依」是說心、心所依眼、耳、鼻、舌、身五根所轉；「分別依」是依第六意識；「染淨依」是依第七識；「根本依」則依第八識。

　　以上所整理的三種所依（「因緣依」、「增上緣依」、「等無間緣依」），即是心、心所生起的動能，分別放在「種子」、「八識」、「前念心所」來說。《成唯識論》便用以上三者來說心、心所生起的動能，以及有情欲掌握心所生滅的應轉變的重點。其實「種子」、「八識」、「前念心所」三者最重要的關鍵還是在種子的清淨，只有使有漏種子轉變爲無漏，阿賴耶識才能清淨，阿賴耶識清淨，才能使前六識少生煩惱，少有煩惱作爲前念心所，自然也就少引導隨煩惱心所了。而有情之所以能以其心識之力，使「勝解」持續不斷，或續生善心所，亦因此三種所依之故，當有情在種子現行時，能以正向的心念薰習之，使阿賴耶裡含藏的種子漸漸轉爲清淨，則「勝解」就能依靠清淨種子之力，不斷生出於每一個心念之中，又能作爲「前念心所」使「善心所」能不斷續生於後，使有情常理解唯識的正向價值，趨近解脫之路。

第三節　超越性意義形成的條件和重要性

　　相較於唯識學將自我檢證放在「自證分」和「證自證分」的上面說明，

〔註30〕雖然《成唯識論》說：「然有處說依爲所依，或所依爲依，皆隨宜假說。」但仍以「王」與「臣」的關係來說明「所依」和「依」有什麼不一樣。

〔註31〕趙東明說「俱有所依」指的是「能依」和「所依」同時存在的狀況，《成論》中的三種依義，唯有「增上緣依」是「俱有所依」，其餘兩種皆是「不俱有所依」。（參見：註25。）而《成論》雖沒有明說「因緣依」、「等無間緣依」是「不俱有所依」，但卻只有在說明「增上緣依」時提到其是「俱有所依」。（參見：《成唯識論》卷4（T31, no. 1585, p. 19, c12～p. 21, a3）。

〔註32〕《成唯識論》卷4（T31, no. 1585, p. 20, c12～26）。

意義治療學的自我檢證機制是放在「靈性」上說的，筆者曾論述「靈性」如何在潛意識中作爲「意志自由」和「意義意志」的源頭，雖然意義治療學並沒有像《唯識三十頌》般以八識心理結構來統合人的認識及輪迴、解脫等終極關懷，亦沒有像《成唯識論》般明確的將人的認識作用分爲對外的認識和對內的自省，但在經由前面針對「意志自由」的論述後，可以看見，儘管意義治療學沒有內、外緣之說，「意志自由」仍表現出向內及向外的作用性。且經由向內作用，往自我內上溯，而發現潛意識中的「靈性」，並以「靈性」爲超越本能潛意識的更高存在，作爲人可對外行爲及對內自省的運作中樞。

　　因此，要梳理意義治療學如何確認人的認知合於其正向價值，作爲「意義」和「意義意志」的前提，「意志自由」是很重要的一環。以下先介紹「意志自由」運用在心理治療的時代背景，以梳理清楚「意志自由」在心理治療歷史中的意義，探求「意義意志」如何與「靈性潛意識」關聯，再進一步，可以尋找意義治療學如何保證「超越性意義」一定能表現出人的高度價值。

一、從「人本心理學」的反動看「意志自由」的興起

　　李安德於《超個人心理學——心理學的新典範》一書中介紹了一九三〇年代以降，爲反對前期佛洛伊德典範、行爲主義、心理學化約論而興起的「人本心理學」，此一典範是爲了反對之前將「人」視爲「物品」的研究方式而產生的，他說：

> 這些早期的心理學家們爲了科學化，採用爲「物」而設計的科學典範，基本上漠視意識的存在及思想、反省、愛、發明、自由選擇的能力，終於身不由己的落入化約論的陷阱，使得心理學的對象「人」，被非人化了，降爲一般物品。〔註33〕

他將人本心理學的特色分作二十一項重點，其中包括：專注於人的研究、強調人的尊嚴、強調自我、強調感受與情緒、強調意義、強調自由意志與責任感。這些特色中，又以人本心理學所注重的自由意志最爲重要，因此李安德也另立專章討論之。由於新興的人本心理學反對以科學方法分析人，又因「意志自由」不是一實際可看可觸的目標物，因此，在證明「意志自由」確實存在時，大多由人的直接經驗來說。

〔註33〕李安德著，若水譯：《超個人心理學——心理學的新典範》（臺北市：桂冠圖書，1992 年初版，2009 年修訂五刷），頁 91。

> 人們可以透過抽象思考的能力自創一個充滿象徵與符號的世界，與
> 外景迥然不同的內在世界……他能超越眼前的紅玫瑰，僅推想玫瑰
> 的普遍性本質，不受顏色、形狀、大小的拘限；他還能進一步推想
> 出整個植物界；如果他還不滿意，他可以繼續推想普遍性的有機世
> 界；甚至普遍性的存在，把整個宇宙包含在內。〔註34〕

除了透過對一般性思維的分析，去證明人不只是受到某種機械式的控制，反
而能具有自己思考的能力，否則分析、辨別、比較、評論、推理等等思維性
活動，要如何在沒有「意志自由」的狀況下產生呢？人本心理學還將「意志
自由」的證明，放在「罪惡感」和「責任感」上面來說，主張這兩者的產生，
是因為人有「意志自由」的緣故，如果人的思維及道德都是因為制約或必須
解決的慾望產生的，那麼個體在必須違反內在價值，去解決慾望時，是不會
有愧疚感的。而針對責任感的推論也與愧疚相似，當人只因驅力行事時，對
於對自己沒有利益的事是不會產生責任感的。

　　弗蘭克的意義治療學的成立便是順應於這一九三〇年以降所興起的人本
心理學風潮。我們可以在意義治療學的主張中，看見許多人本心理學的痕跡，
包括弗蘭克為意義意志假設的大前提──意志自由，和他以人為中心，強調
內心世界作為主軸的生活方式、意義找尋、自我確立的等等說法，均是順應
人本思潮而有的心理思考。進一步的，弗蘭克在「意志自由」之上，又提出
了「靈性」作為其源頭，此一思維，其實也是當時心理學家研究的潮流之一。
由於「人本心理學」的重點在於，將「人」當作研究的重點，因此，人本心
理學家由分析人的外顯行為，試圖找到其心理歸因，而當心理學家想為「犧
牲」、「奉獻」、「睿智」、「博愛」找尋心理的出發點時，卻發現當時的心理分
析，是沒辦法為上述這些特質作解釋的。馬斯洛（Abraham H. Maslow，1908
～1970。）曾說到他在作人本心理學的研究時所遇見的困境，或說新發現：

> 如果你研究並問那些有能力給予愛，給予安全感，能夠尊重他人也
> 能自我尊重的人，是什麼動機讓你們秉持這樣的態度生活？他們的
> 回答會讓你發現一個全新的領域，這個領域是我必須稱為「超個人」
> 的領域，他說的是那些能使自己主動、滿足、促成（激發）運氣、
> 自我發展、充分了知自己的人。他們的動機來自於某種比基本需求

〔註34〕同上註，頁149。

〔註35〕更高的領域。〔註36〕

為此，馬斯洛修改了他的需求層次理論，在前五項需求之上，又加上了「最高需求」，主張人在「自我實現」之上，還有「自我超越」的滿足需求。

二、從「超個人心理學」的主張看「超越性意義」的內涵

可以見得，當時的人本心理學家已經開始意識到其學派所研究的侷限，一九六○年代左右，創立「人本心理學會」（Association for Humanistic Psychology。）的馬斯洛和薩蒂奇（Anthony J. Sutich，1907～1976。）兩人，聯手提出「超個人心理學」這個名詞，並創立屬於「超個人心理學」的學術雜誌：Journal of Transpersonal Psychology，試圖開啟新的心理學研究風潮，將心理學研究的重點轉向「自我超越」的內在來源和歸屬。

（一）「超個人心理學」對「靈性」的看法

然而，「超個人心理學」所研究的重點並不像「精神分析學派」一樣可以明確的列舉，所以有關其學派界說和定義眾說紛紜，統合心理學家對「超個人心理學」的解釋，大概可整理成下面四個面向：

（1）對於終極目標追尋的動力不斷地在人們內心出現。

（2）對於追尋目標之動力的察覺不必然在特定的時候出現。

（3）對終極目標的覺知，基本上有賴於直接的練習和專屬於個人的特別條件或狀態。

（4）每個個體都有權利選擇他自己的道路。〔註37〕

〔註35〕這裡的 basic need 指的是馬斯洛早年所發表的需求層次，由低而高分別為：生理需求、安全需求、愛與隸屬的需求、受人尊重的需求、自我實現的需求。這邊說比 basic need 更高，意指更高於自我實現的需求。

〔註36〕Abraham H. Maslow, "The farther research of Human Nature," Journal of Transpersonal Psychology.1（1969），pp1～9. " There are people who do feel love, and who are able to love, who do feel safe and secure, and who do feel respected, and who do have self-respect. If you study these people and ask what motivated them, you find yourself in another realm. This realm is what I have to call transhumanistic, meaning that which motivates, gratifies, activates the fortunate, developed, self-actualizing person. These people motivated by something beyond the basic need. "

〔註37〕Paul F. Cunningham 曾撰文整理不同超個人心理學家對這個學派的界說，其中以馬斯洛為主，他引用薩蒂奇的說法，以上面四個主要概念來說超個人的主張。參見：Paul F. Cunningham, "The Challenges, Prospects, and Promise of Transpersonal psychology," Journal of Transpersonal Psychology. 26（2007），

　　第一個概念，旨在強調人在自我滿足後，會追求更高的心靈滿足，而心靈滿足時常建立在使自我能發揮價值之上，而自我能發揮價值，決不會只是獨善其身，而能在滿足自己之外，也試圖協助他人感到滿足。第二個概念則從較負面的角度來說，在人感到害怕、懷疑或受到他者的威脅時，個體幾乎無法使自我覺醒的能力顯現，但在睡眠時、夢中、藝術創作時，自我覺醒的能力仍會從潛意識中出現。第三個概念則說到如何透過個人式的練習和體驗，使自我覺醒的能力可以被充分表現。雖說一個人可能有超越慾望的信仰，但同時為日常生活羈絆，故信仰和慾望時常衝突，這時個人可透過如冥想等靈性的練習，使內心的信仰和慾望達到平衡。第四個概念與自由意志的想法很接近，前面說的很多了，因此不特別解釋。

　　「超個人心理學」提出了「靈性」這一內心領域，作為人「自我超越」的行為及傾向之歸因，但是「靈性」其實很容易和宗教用詞產生混淆，因此，包含馬斯洛等超個人心理學家，在使用這一名詞時，都特別說明其內涵與宗教無關，只是用以表示一種更高的內心歸屬，他們認為能充分發揮靈性的人，具有下面的幾點特質：〔註38〕

（1）體驗並可從超越的層次中獲得力量。

（2）他相信生命具有深刻的意義，並且有目的的生活。

（3）充滿責任感的活著，並把生命當作一需要完成的使命。

（4）相信生命具有某種神祕的價值。

（5）他會享受物質，但不把享受物質當作最高的價值。

（6）具有大愛精神，懂得為他人奉獻。

（7）他具有高尚的理想，勇於犧牲小我。

（8）對痛苦有深刻的體認，能透過此體認更加積極的生活。

（9）他依照其終極價值而體現的修養及努力，可以在對自己及對他人身

---

pp.41～55.這四個主要概念的原文是：1. Impulses toward an ultimate state are continuous in every person. 2. Full awareness of these impulses is not necessarily present at any given time. 3. The realization of an ultimate state is essentially dependent on direct practice and on conditions suitable to the individual.4. Every individual has the right to choose his [or her] own path.

〔註38〕David N. Elkins, L. James Hedstrom, Lori L. Hughes, J. Andrew Leaf and Cheryl Saunders, "Toward a humanistic-phenomenological spirituality: Definition, Description, and Measurement," Journal of Humanistic Psychology28:5（1988）, pp.5～18.

上展現出靈性的成就。

　　弗蘭克所謂的「靈性潛意識」，便包含了以上這些特質，只是他特別將「靈性」標誌為一種「潛意識」，而非只是泛論型的「心理特質」，更進一步將上述的正向價值，定義為本來就潛藏在心理的存在，人只要能當下念轉，即可運用「意志自由」使「靈性潛意識」發揮作用。

（二）「超個人心理學」對「我」的概念

　　在「超個人心理學」中，還包含了對「我」這個概念的研究，「超個人心理學」認為為「我」可分作「客體我」和「真我」。「客體我」是與外在世界接觸的我，他使人因經驗、記憶、與外物的接觸，產生各種情緒、感受。「真我」，則是本存於人內在，在受到社會影響之前，保存本真的內在自我，是不受外物影響，擁有絕對地位的我。簡言之，「客體我」是經驗的我，而「真我」則是超越的我。

　　據此，超個人心理學亦強調存有（being）和擁有（having）的不同，當我擁有某物時，並不能表示我就等於這個物，如當我擁有某種情緒、理念、思想、慾望、抱負……時，這些情緒、理念、思想、慾望、抱負……，都不等同於我，他只是「客體我」所體認的經驗世界，並不能影響真我的存在，也不能等於真我〔註39〕。將「客體我」所體驗的經驗，從真我中分出去，強調人主要專注在自我的發掘，便可以「真我」主宰「客體我」，換言之，當我們有了情緒、欲求、懷才不遇等困擾時，發掘真我可以協助我們以更高的主宰性，化解「客體我」所帶來的不適和苦難，如同意義治療所說的，當一個人尋找出自我的意義並求新的將它當作最高的追求標準時，那其餘身體、精神所帶來的不適便可暫時消解，或說不重要了。

　　如同前文引用的馬斯洛的困境，人本心理學家們在作研究時，觀察到了許多從「客體我」之上沒有辦法解釋的現象，包含自我犧牲、奉獻、睿智、博愛……等等，當包含前述特質人群擁有宗教信仰時，他們會將這些特質的養成歸於自己所屬的宗教信仰，不論是基督、佛教或猶太教。但是也有其他沒有宗教信仰的人，一樣表現出了上述特質，然而這些人就沒有辦法明確的說出為何如此表現的原因。因此，心理學家在一開始整理自我犧牲、奉獻、睿智、博愛……等等特質的心理來源時，較直接的從有宗教信仰的人身上找

〔註39〕同註33，頁 219～307。

到原因，而誤以爲這些特質屬於宗教的層次，是神秘主義的範圍，而沒有將這些問題劃歸在心理學中研究。但「超個人心理學」以爲，這些特質不僅可以歸屬信仰，也可以歸屬於每個人都擁有的超越層次，只是這個領域還不明確，因此沒有宗教信仰的人沒有辦法明確地說出，使他選擇這些特質表現的歸因到底是什麼。

意義治療學所說的「靈性潛意識」之地位，就類似於上面所說的「眞我」，只是弗蘭克將這種內在的超越本質，設定爲一種潛意識，比起「眞我」具有較確切的位置。而意義治療學所說的「意義」，便是「靈性潛意識」整合內外的體驗，進一步思維、推求的出來結論。「靈性潛意識」使人天生具有「自我覺知」的能力，並運用此能力使「意志自由」能順利行使，透過「意志自由」的行使「靈性潛意識」中內存的正向價值，便自然的呈現在人的思考乃至行爲中，順著這個理脈，人便會自然產生尋求想尋求「意義」的「意義意志」，並有自覺地將生命當作一個必須完成的任務。從這個「人本心理學」及「超個人心理學」的歷史脈絡中，便可以理解，意義治療學的「靈性潛意識」具有什麼樣的特性，而弗蘭克所謂人生存的最高價值，也就是「超越性意義」的實質內容是什麼了。除了「靈性潛意識」的善之內在，意義治療學將人生視爲一種不斷追求意義的任務，自然也講求完成任務所需的「責任感」和「良知」。

第四節　追求「勝解」和「超越性意義」的內在動力比較

上述的「人本心理學」及「超個人心理學」之時代背景，爲意義治療學所以堅持人能夠從內心向善的理由，而當時的心理學爲「自我犧牲」、「奉獻」、「睿智」、「博愛」等外顯行爲，尋找內在歸因，透過尋找的過程主張人具有「靈性」，也爲意義治療學所吸收。至此，便可以心理學發展的進程解釋意義治療學將「靈性潛意識」設爲人良善的內在歸屬，並作爲「自我分離」的實現之可能。但不可否認的，同時也揭發了意義治療學不可避免的前見，因意義治療學將人的天性定義爲良善並懂得犧牲奉獻，而針對不符合此價值的人，則認爲其「靈性潛意識」尚未得到彰顯，因此不能表現出自己的超越性。

同樣的道理在唯識學中亦可看見，雖然說心、心所都因緣起而生，但是

種子在心、心所的起現中佔有很大的地位，《三十頌》雖沒有替種子分類，但是根據《成唯識論》的說法，種子分作「本有」和「新薰」兩類，〔註40〕而在本有的種子中，就包含有「無漏種子」，〔註41〕無漏種子可生菩提因，使人不起分別心，讓心、心所在生起時有向善之可能，可看作「善心所」生起的內在動力。〔註42〕這種主張有情自無始以來即具有「無漏種子」的說法，亦是《成唯識論》在解釋《三十頌》的前見。

一、意向的緣取作用及其副效應

由於弗蘭克以「良知」、「責任感」為人秉性的前提，故其使用現象學操作的傾向，亦以善為最高指標，而「靈性潛意識」即是保證意識之向內尋求一定為善的內在制約。從上面所列的靈性特質來看，「靈性潛意識」使人趨向的正向價值，包含了社會認同這一部分，其中的「自我犧牲」、「大愛」更是成全社會完整的要素。筆者以為，「靈性潛意識」之所以包含這種特質，是由於弗蘭克重視經驗對人的影響，而人的經驗中很大部分來自於個體對環境以及對他人的牽掛。應可結合前一章所說的哲學背景來看，由於人是與環境互動的個體，因此其思維、感受亦受到周圍的人、事、物之牽動，這點是無法

〔註40〕《成唯識論》卷2：「有義：種子各有二類：一者本有，謂無始來異熟識中法爾而有，生蘊、處、界功能差別，世尊依此說諸有情無始時來有種種界，如惡叉聚，法爾而有。餘所引證廣說如初，此即名為本性住種。二者始起，謂無始來數數現行薰習而有，世尊依此說有情心染、淨諸法所薰習故，無量種子之所積集。諸論亦說染、淨種子由染、淨法薰習故生，此即名為習所成種。」（T31, no. 1585, p. 8, b23～c3）。

〔註41〕《成唯識論》卷2：「諸有情既說本有五種性別故，應定有法爾種子不由薰生。又瑜伽說：地獄成就三無漏根，是種非現，又從無始展轉傳來，法爾所得本性住性，由此等證無漏種子，法爾本有，不從薰生。」（T31, no. 1585, p. 8, a29～b5）。

〔註42〕唯識學中針對種子的由來，有三種不一樣的說法，分別是：護月主張的「本有說」；難陀的「新薰說」；以及護法的「本有新薰說」。「本有說」以為八識中本來即存有一切漏無漏的種子，文經聽法可以薰習識中的本有種子，但不能另生新種子。「新薰說」則以為一切有漏無漏的種子，皆由現行能薰的法，薰習而有。「本有新薰說」則較折衷的取兩家之長，立有「本性住種」、「習所成種」兩種前者是有情無始以來即具有的種子，而後者則是由現行能薰法，薰習成的新種子，儲存在阿賴耶識中。《成唯識論》採取「本有新薰說」並認為有情的八識中，本有無漏種子。參見：雨曇〈唯識學上之種子義〉收於《現代佛教學術叢刊》第25冊（臺北市：大乘文化出版社，1978年11月初版），頁66～72。

選擇的既定事實。但是人的存有狀態並非被世界所控制，只是會在行為之前考慮世界之所需，使得存有於世界中的自我達到和平的狀態，在這一活動中，人的意識佔有很重要的位置。

從意義治療學的角度來看，「意志自由」、「意義意志」之所以能運行，除了有「靈性潛意識」為其源頭外，意識到自己擁有這些能力，進而使這些能力達到其功能，也是重點之一。前一章說到，人使用意識認識外物，是一種意向性行為，而針對意識的這種作用，人是可以控制的，當一個人對某物感到害怕時，他可以使自己盡量不要想到某物，或使自己在接觸某物時，將其想像為其他物品。在意識做意向性行為時，「能意」和「所意」是完成此行為的要素，「能意」對「所意」做意向性動作，使個體理解「所意」為何，並對「所意」產生概念及記憶。弗蘭克便據此說「快樂」這種感受，是一種副效應，他不能夠真正被意向，而是「能意」對「所意」做意向性動作時，產生的一種感受，換言之，當「能意」停止對此「所意」的意向性時，快樂也隨之消失了，而當此「所意」不能持久或是長存時，快樂是無法被追求的。因此，許多誤以為快樂是可以被追求的人，在失去快樂後不明究理，為此產生了身心上的不適。

這種副效應的想法，與《三十頌》中的「隨煩惱」心所有異曲同工之妙，「隨煩惱」心所中有許多心所都不具有自體，而是依根本煩惱分位假立，當根本煩惱消失時，因其而生的「隨煩惱」也會跟著消散。因此，從治療的角度來說，若把「隨煩惱」心所看作需要治療的症狀，則必須針對「煩惱」心所下藥才能真的治癒。針對上述因誤解快樂的性質而出現病狀的患者，弗蘭克認為應該協助他尋找其「意義」，使「意義」成為他的意識重心，讓患者將「意義」當作他必須完成的任務，便可以使身心不適的狀況解除。而《成唯識論》則以「自證分」和「證自證分」間的不斷檢視，使有情認知到見、相二分不真實的性質，並了解「見分」所緣取的「相分」其實只是阿賴耶中的種子變現，自然能理解因「相分」所產生的情緒、痛苦也是不具自性，且變化多端的暫時生起罷了。

二、追求超越與解脫的內在動力來源

對意義治療學來說，尋找「意義」乃至於實踐「超越性意義」是完整人生的典範，而對唯識學來說，從觀察自己的心理變化著手，乃至以正確教理

生活、修行，使「勝解」常生，是趨向解脫的方法。兩者不僅在理論上論述其正道，也在人的內心中設立了趨向正道的動力來源，以解釋人為什麼會具有趨向正道的傾向和想望。從《唯識三十頌》中，可以找到「轉依」理論，作為「勝解」生起的內在動力。

在這方面，意義治療放在命限上來說，由於弗蘭克不處理身後的問題，因此，生命本身的限制，就作為意義治療學主張人一定會追求意義的佐證之一。在第三章中已說明了為什麼「意義意志」不是因為驅力，而是因為一種純然的內在需求，是人自主的求取，而不是受到潛意識的驅策。當人開始懂得專注在向內的意識上，而能夠回應靈性時，就會理解到本能的滿足不是唯一的追求，進而在自我滿足後尋求更高層次的心理需求，而相應於靈性的特性，追求最高需求的人不僅不會將生命意義定義在個人的享樂上，反而會把自己的生命歷程當作一個需要完成的任務，並賦予自己責任感，使自己成為完成任務的主宰者。

弗蘭克將人生意義分作三類，針對前兩項的追求：創造性、體驗性的意義比較好理解。這兩樣意義主要來自於生活經驗，創造性意義的追求可能來自於工作、遊戲、日常休閒等，體驗性意義則主要來自愉悅的感受經驗，可能是藝術、情感、好的德行之類。這兩項意義屬於經驗的層次，由直接的體驗和感覺，形成人決定自己生活的樣貌和風格。超越性意義的追求雖不像前兩項那樣明確，但卻是靈性表現的重點。弗蘭克將這一點放在「死亡」和「痛苦」來解釋。

人感到有責任回應自己對於人生的疑問，以及尋找自己存在的意義。然而人生是有限度的，其中最大限度就是死亡，死亡形成了人在認識自我、求取意義時的最後期限，但同時也因為生命有限的壓力，激勵、促使人更敏感的去體會生存的意義。弗蘭克在書中反問讀者：「如果我們擁有無限的時間，生命會是怎麼樣的呢？」〔註43〕當我們擁有無限的時間，那麼我們不會為今天做不完的事感到緊張，因為我們有無窮個明天可以完成。在沒有限度的推遲之下，意義之於人生是沒有必要的，正因為死亡的限度，讓人意識到追尋意義是急切的任務，更因為靈性潛意識使人有對生命負責的傾向，因此有限的生命便成為責任感必然被激發的條件，如此意義意志才能夠真的產生。

〔註43〕Viktor E. Frankl, *The Doctor and the Soul: From Psychotherapy to Logotherapy*. （London：Souvenir, 2004），p.75.

弗蘭克認爲:「人可以在創造中了解創造性意義,在體驗中了解體驗性意義,但可以在苦難中了解超越性意義。」〔註44〕當人面對無法改變的現狀,或處於命運的悲劇中時,人們會試圖尋找消化、忍受這不可轉變的痛苦的方法,而超越性意義的出現和落實,便可在此契機產生。弗蘭克在描述受苦者的心理狀態時說:

> 當我們爲某件事所苦時,我們會在心裡試圖與這件事劃清關係,在自己的人格與這件使我們受苦的事中間建立距離。在持續受到這個自認爲不該受到的苦難的期間,我們會勉力維持內心努力建立的距離,在這個心理張力的作用下,我們一方面會很清楚的了解,什麼事是應該發生的,在另一方面又可以明白什麼事是不該發生的。在這樣充滿張力的心理狀態下,我們便能眞切的展望出自我的理念來。〔註45〕

其實這一段說法,不難讓我們聯想到弗蘭克自身在集中營的經歷。遭受苦難的人,尤其是受到自身不應該受到的苦難時,會以這個苦難爲較低的層次,而在心理上把自己當作更好的人,試圖將這個苦難與自己的人格區分,但是縱使心理上能夠區分,身體上仍然受著這個苦難,使試圖維持人格與苦難間的距離的心理力量充滿矛盾,但也是這樣的矛盾,使距離充滿張力,使人必須透過更清楚自己該做些什麼,不該做什麼,來維持距離,在充滿張力的心理作用中,人們便可以體認到超越性的意義爲何。

意義治療學對於「死亡」和「苦難」的看法和唯識學是大不相同的。人之所以會感覺到「苦」,使因爲理解上的不清明,「苦」的產生是由於人的執著之心,只要破除我執,就可以看見「苦」的生起原因,並由眞實理解化解「苦」的感受。而「死亡」在佛教中更不是有情生命的完結,只是週期的結束與開始,「死亡」只是一種過程,而非終點。可見唯識學的終極關懷,不僅放在當下的煩惱解除,更重視生命境界的提升,使有情能離開能、所的二元對立,超越世俗的分別心。當人可以無分別的看待這個世界,融通主客觀,就可以克服我執,在精神、身體上超脫當下的束縛,自己走出自由的途徑。以佛學的角度來說,肉身只是有情的過渡,「死亡」和「苦難」是暫時性的現象。因此,相較於意義治療學以命限說人的超越性,唯識學是從「轉依」言

〔註44〕同上註,頁109。
〔註45〕同上註,頁111。

一念之轉的力量，從轉念到有意識的實際作為，個體即能蕩相遣執，消解煩惱心所，超脫「死亡」和「痛苦」，邁向更圓融的境界。

第五節　小　結

　　《唯識三十頌》認為因人我執的習氣，所以才會在心、心所法的生滅中流轉，但只要願意了解心識認識活動的盲點，就可以從理解外境的虛妄出發，轉捨分別心，得到圓融萬物的智慧，再以智慧作為根基，以新的理解與世界互動，漸漸使八識田由染轉淨，使人從世俗中自我提升。而意義治療學則強調人應從自身經驗中尋求人生意義，並將達成此意義，做為人生的使命，讓生命成為一充滿責任感的進程。要達成這個目標，有賴「意志自由」的順利行使，而「意志自由」的順利行使又有賴於人自我覺察的能力，當人可以意識到自己掌握的決定權，「意志自由」才能真正的表現出他的功用，促使尋求「意義」的「意義意志」出現。

　　《唯識三十頌》和意義治療學兩者都強調「向內尋求」和「向外感受」的雙向融通，並贊同人具有「自我覺醒」的能力，也同時認同內在力量可以掌控外境的應對。但是，由於兩者在終極關懷上的根本差異，使得他們開展出來的最高價值不盡相同。意義治療學關心的是人現世的心理健康和生活的順利，而唯識學的終極關懷則是超越生死的解脫之道。因此，針對「精神官能症」的治療和「煩惱心所」的伏滅，分別以「意義尋求」和「真實理解」來說。

　　意義治療學關心的是人現世的心理健康和生活的順利，只是與精神學派比較起來，意義治療所標誌的靈性潛意識，使人除了受本能驅策外，還有自我提升的可能性。而唯識學的終極關懷則是超越生死的解脫之道。要達到兩者的終極關懷「勝解的生起」和「超越性意義」是重要的步驟，然而，勝解亦是由根、境、識三合而起的心所，亦隨時生滅，因此，跟隨勝解後起的其他心所，理論上亦隨勝解的生滅而消失，針對這一點，唯識學以阿賴耶識的種子收攝來解決，並建立了自證機制從內部來確保心識生起的勝解符合正向價值，也透過自證分和證自證分間的互相對話，使勝解能被不斷的修正、改進而趨向最適合個體的自我解釋。

　　「意義的追求」是建立在自由意志上的人生任務，根據弗蘭克對於自由

意志的描述，自由意志應是不受外在價值影響、具有獨立性，且有追尋善的
傾向，其實不只自由意志，就是意義本身亦是善的。雖然弗蘭克沒有明確的
說出自由意志爲什麼有獨立於外在價值的能力，以及爲什麼意義一定會傾向
於善，但我們從意義治療學所興起的時代背景中可以窺知一二。首先，作爲
精神分析學派的反動，意義治療認爲人在本能外已有靈性，而靈性能確保人
具有自由意志以及可被追求的內在意義。此外，意義治療學屬於人本心理學
乃至超個人心理學的一支，以觀察、訪問病人的方式，從經驗中攫取通則，
並由此發現心理除了本能之外，亦有使人向善，保證超越能力的靈性區塊。
除時代背景，弗蘭克也吸收了許多胡塞爾現象學的思想，尤其是意向性作用，
以及懸置的思想，這兩種說法，可以使我們了解，爲什麼自由意志可以擺脫
外在束縛，向內尋求人生意義。

　　在兩者的終極關懷上釐清，並解決了「勝解的生起」和「意義的追求」
這兩個主題中的幾個問題，我們便可以更進一步從兩者對心理疾病或說精神
官能症的處理，談論健康以及心理問題的治療。

第五章　心所對治和精神官能症的治療問題

　　第四章談到唯識學及意義治療學所謂的「終極關懷」和「終極意義」，屬於兩者最高層次的關懷。但我們處在當下，面對生活中形形色色的問題，並真實的感受這些問題帶來的困擾，縱使理解了唯識、意義治療最高的解脫理論，也難從日常紛擾中超脫，直接達成最後的目標。因此不論唯識及意義治療都有針對人們在應事對物時，最直接的心理反應之分析。

　　《唯識三十頌》中清晰地羅列各種心所有法，及各種心所彼此間的牽連、程度輕重，就是為了對治生活中隨時生滅的煩惱。從《三十頌》以「了別境識」做為第三能變，也就是「意識」及「前五識」的總稱上可以看見，《三十頌》認為，以前六識為主的心理活動，是以有分別的方式來認識世界，也是人之所以會落入對立的器世間，無法超然融通的障礙。因此《三十頌》從心、心所的解套開始，層層向上，梳理人如何從紛雜的心理狀態中釐清根本理解，再以根本理解來統合我們對外境及自己的認識。所以，處理煩惱心所，使心識傾向生起善心所，就是《三十頌》中理解「真如」、證得「轉依」的最初基礎工作。

　　從意義治療學的角度來說，人生最高的目標莫過於從內心找到真正的意義，並將人生當作一場達成意義的任務來經營。然而從生存空虛到找尋意義及追尋意義，也非一蹴可幾，在追尋意義的旅途當中，仍會因迷惘、不確定性、創傷或外在變故失去追求意義的動力，因此意義治療學亦有針對種種生活困擾，如失眠、躁鬱、強迫症甚至自殺傾向的治療方式。

　　相較於意義治療學以心理治療的角度，替患者處理生活上的不便，因《唯識三十頌》將煩惱心所的伏滅，縮合在無分別心的大理解下，反而較少就生活上的問題說明解決方式，但是就《成唯識論》對心、心所的假實分別中，可以較細微的看見《三十頌》對個別煩惱的定位，發掘從根源煩惱去解決隨煩惱的隱含意義。以下即針對意義治療學和《三十頌》如何處理人的「第一線」困擾，以協助患者達到兩種不同的終極目標作梳理及對話。

第一節　意義治療學常用的兩種療法

　　意義治療學反對精神分析學派的「快樂原則」，認為快樂是追求意義時所得到的附加效應（side effect），而不是追求的目標，人若是誤以為自己要追尋的是快樂，反而會因錯誤的目標，和真正的意義失之交臂，患上心理疾病。事實上「精神官能症」等由心理影響生理的症狀，均由此自我誤解產生。若是人誤以為「追求快樂」是人生的意義，則對意義治療學來說，這樣的追求態度是有所偏差的。因此，弗蘭克便以轉移追求的態度出發，提出意義治療學經常使用的兩種治療方式：「矛盾意向療法」（Paradoxical Intention）以及「非反省療法」（De-Reflection）。這兩種治療方式，主要針對「強迫症」和「恐懼症」而創，只是「矛盾意向療法」主要治療逃離、避免恐懼而引起的精神官能症，而「非反省療法」則治療起因是過度自我觀察的精神官能症。

一、造成「強迫症」、「恐懼症」的「預期性焦慮」

　　弗蘭克以為，患者之所以出現「強迫症」和「恐懼症」的不適，是預期性焦慮（anticipatory anxiety）造成的。當患者經常在特定事件發生時，產生令其不適的生理症狀，他就會對特定事件產生預期性焦慮（anticipatory anxiety），預期性焦慮使患者在情況發生以前，就產生焦慮，而在特定事件發生時，預期性焦慮會誘引出症狀，加深患者的焦慮，使下一次的預期性焦慮更加嚴重，如此不斷循環，讓患者無法擺脫症狀的侵襲。例如一個擔心自己在公眾場合演講時臉紅的人，就會不巧的在演講時開始臉紅，並且一次比一次嚴重。在這個狀況下，弗蘭克以為，造成症狀的並不是事件本身，而是「預期性焦慮」，而患者所害怕的也不是特定事件，而是焦慮或說恐懼本身。

（一）處理恐懼的三種心理模式

　　這種害怕恐懼本身的人，通常採取三種模式來應對，第一種是「逃避恐懼」，而第二種則是「強迫自己和症狀抗爭」。採用第一種方式的人因為極力想擺脫痛苦，反而使痛苦更加根深蒂固，不斷循環，加重恐懼的強度。採用第二種方式的人並不特別避免恐懼的發生，而是在恐懼發生時，強迫自己與之抗衡。第三種模式則是「強迫自己獲得某件事情」，常見於「性精神官能症」患者身上，性官能症的患者多半想證明性能力或是想獲得性高潮，他們服從於快樂原則，誤將快樂當作追尋的目標，但他們沒有發現快樂不能直接被意向，而是追尋意義時的副效應，所以說，越是想追求快樂的人越難得到快樂。

　　第一種屬於「消極的處理」，而第二、三種則屬於「積極的處理」，但不論如何，這三種方式都不能使患者達到真正的自我排解，要使得患者從精神官能症中走出來，必須從患者本身的態度上改變，使病人重新定義自己的意義和價值才能成功。基於這樣的想法，意義治療學提出了「矛盾意向療法」以及「非反省療法」兩種改變患者意向的治療方式。

（二）錯誤及正確的「消極性」和「積極性」

　　誠如前述，針對恐懼，人們的處理可分作消極和積極兩種，而錯誤的消極性（wrong passivity）使人患上焦慮症、恐懼症或兩者均具，錯誤的消極性主要表現在前面所說的預期性焦慮中，使人因為害怕而加重恐懼。錯誤的積極性（wrong activity）則多半使人患上強迫症，患者可能會因為強迫性思維，不斷重複特殊行為，或沒有辦法完成特定事件，更嚴重者會生出殺人及自殺的念頭，並害怕自己真的實行。

　　針對錯誤的消極性，弗蘭克提出以「正確的消極性」（right passivity）來消解病狀，也就是「矛盾意向療法」。針對錯誤的積極性，則使用「正確的積極性」（right activity）來治療，也就是「非反省療法」。矛盾意向使患者透過奚落、嘲笑自己症狀的方式，讓矛盾意向代替對恐懼的意向，使患者不再狹隘的針對恐懼的事物作意向性動作。而非反省療法則使患者將注意力從自己身上移開，使症狀不再因為過度的自我觀察而一再出現。以下就分別舉出兩種療法的實際例證，並從實例中說明這兩種療法的運用原則。

二、意義治療學的治療實例

（一）「矛盾意向療法」的治療實例

　　先說「矛盾意向療法」，弗蘭克在書中舉出了幾個其他醫生實施矛盾意向

療法並成功的病例，維也納大學一位醫學院的學生，總是在實習眼科手術時發抖，因爲他擔心在手術時，主任醫師會走進手術室中，而發抖造成他很大的困擾，導致他必須在手術前喝酒才能平靜下來。於是他告訴自己，如果我沒辦法停止顫抖，那麼我就讓主任醫生看到我是一個多麼會顫抖，顫抖起來多美的人。但是當這個學生這麼想的時候，他就無法顫抖，病症也因此解決了。〔註1〕

矛盾意向療法有時也用在治療失眠上，有失眠症狀的病患，通常會在睡眠時間不斷的告訴自己一定要睡著，但是當一個人越努力地想讓自己睡著，就越睡不著。針對這一病症，使用矛盾意象的醫生就會建議病人儘量的睜開眼睛，藉由想要清醒來達到睡眠，或建議病人，每過一個特定的時間就去敲擊一次時鐘，通常病人都會在幾個特定的時間後就受不了疲倦而睡著了。

Mary B.有上街恐懼症，她總是因爲害怕過馬路時會被車子撞到，而在每次上街時，都因心跳過快而打道回府。醫生要 Mary B.在每次過馬路時，都想著要加強自己的心跳，並清楚的感受心跳，滿心希望心跳可以再更快更強。在刻意操作其想法之下，病人漸漸地不會在過馬路時心跳過快，也就解除了她的上街恐懼症。

Mrs. Elfriede 是一位三十五歲的婦女，她患有必須不斷洗手的強迫症，她認爲細菌無所不在，並且對細菌可能帶來的傳染病十分害怕，她不僅要隨時洗手，甚至要不斷地擦拭門把、桌椅、地板，在她抱小孩之前，這些清潔動作又更要加倍。強迫症帶給病人極大的精神壓力，甚是影響到她的婚姻。弗蘭克便要病人模仿她的動作，首先是徒手擦拭講桌上的灰塵，慢慢加重到擦拭地板，病人每天模仿直到第五天後便消除了百分之九十的症狀，而幾週後，多年的症狀，漸漸的緩解也不再困擾她了。

一位 17 歲的男童，在 13 歲的時候開始說話結巴，並遭到同學嘲笑，導致他不僅不想上學，講話的問題還更加嚴重。他的症狀主要在於「B」和「P」的發音含混，造成發單字和句子時結結巴巴。醫生要他照著字母表逐字唸出，並特別加重「B」和「P」，在發音時，仔細觀察自己的聲音，並在感到好笑時

〔註 1〕弗蘭克在 *The Doctor and the Soul：From Psychotherapy to Logotherapy*. London: Souvenir, 2004.中介紹了許多案例（頁 209～218），包含會因爲過馬路而心跳過快的 Mary B.；因爲害怕細菌，必須每天不停洗手的 Mrs. Elfriede；有 B 和 P 的發音障礙的男童等

嘲笑自己的症狀，男童雖然一開始很不習慣，也笑不出來，但在五次的療程之後，他已可習慣嘲笑自己的症狀，最終克服了自己的發音障礙。

（二）「非反省療法」的治療實例

再說非反省療法：非反省療法的原理和矛盾意向療法很相近，也經常搭配使用，只是矛盾意向療法多用來抵制預期性焦慮，而非反省療法多用來抵制過度自我觀察的病症，例如：Miss B.患有強迫觀察食物通過食道的病症，因為擔心噎到，所以她總是很認真的觀察食物是否通過食道，這樣的過度觀察不僅造成她更常噎到，而且引起她的吞嚥困難和情緒上的緊張。醫生告訴Miss B.在吞嚥的並不是她的食道，而是她的潛意識，縱使她觀察食道的作用，亦不會有助吞嚥，她必須學習相信自己的潛意識和器官，因為在吞嚥的是他們，而不是 Miss B.。

又例如，一位十九歲的少年 Gerhardt B.曾經受到驚嚇而難以演說，六歲時他的演說被暴風引起的閃電打斷了，閃電攻擊了他周遭的建築，以至於Gerhardt 受到驚嚇而無法再順利演說，在事件發生後的八天，他甚至沒有辦法講話，他接受了五個月的精神分析治療，又額外練習了四個多月的呼吸和演說技巧，仍然都沒有效果。但弗蘭克告訴這個患者，你必須放棄成為一位出色的演說家，而當這個男孩不再專注於他的演說技巧時，他的演說能力竟然恢復了。〔註2〕

「矛盾意向療法」或「非反省療法」之所以能夠成功，是因為這種方式可以透過「自我」（ego）欺騙有懲罰傾向的「超我」（superego），由「自我」告訴「超我」，懲罰式的症狀，在個體看來已經成為一種獎勵（reward）而不是懲罰（punishment）了。因恐懼心理使得生理不適所出現的症狀，如臉紅、發抖、胃痛、痙攣等等，由「本能潛意識」的角度，可以被解釋作「超我」對「自我」的懲罰，「超我」主要的工作是管制自我，使接受文化、道德等規範的個體，可以在社會中擁有穩定的人格，「超我」使個體以完美的自我理想為目標，鞭策其表現完美的行為，當個體不能達到自我理想時，為使個體免於犯錯，「超我」便會給予一些懲罰性的反應，就如前文所提的臉紅等等。而「矛盾意向療法」可以使個體轉變對懲罰的態度，使「超我」以為這些反應對個體已不再有懲罰的性質而停止。〔註3〕從醫學生顫抖的例子來看，「超我」

〔註 2〕同註 1，頁 234～235。
〔註 3〕此說出自弗蘭克在書中引普渡大學心理學家 Edith Weisskopf-Joelson 對於「矛

認為他的完美狀態應是在主任醫生出現時仍泰然自若,然而這個實習生卻感到害怕,破壞了完美狀態,「超我」便認為個體違反了某些規則以至於不能達到完美狀態,因此便使得個體顫抖,以提醒他不能害怕。醫學生從害怕顫抖到想要顫抖,這態度的轉變使得「超我」認為顫抖已不構成懲罰的功能,所以便使其停止顫抖了。

三、意義治療學所用之療法的限制

意義治療學使用的「矛盾意向療法」及「非反省療法」,是針對「強迫症」、「恐懼症」等「精神官能症」的治療方式,因此,在使用「矛盾意向」替換恐懼、焦慮等意向之前,必須經過適當的醫學診斷,確定患者的症狀不是由生理引起,而純粹出於心理,這時使用「矛盾意向」及「非反省」療法,才可以真正有用的緩解症狀。亦即,意義治療學雖然有深刻的理論,來論說「靈性潛意識」所保證的人的高度和深度,但是要讓人真正開啟「靈性潛意識」,是十分困難的,意義治療學雖針對「精神官能症」提供了一些基本治療法,但對於他的終極關懷,卻沒有辦法提出真正實行的步驟,而使得「靈性潛意識」的功能,以及一個人到底開啟靈性與否,很難被判斷的。令其「意志自由」、「意義意志」等說法,成為偏向哲學思維的理論。〔註4〕

從意義治療學的哲學背景看,以「矛盾意向」替代對恐懼、焦慮的意向,可以看作是「能意」對「所意」作意向性動作後,以「矛盾意向」模糊認識的結果,讓潛意識轉變對於「意識結果」所作的反應,使原本產生的焦慮、恐懼,因潛意識對認識結果之反應的轉變而弱化或消失。換句話說,意義治療學的療法原則是混淆潛意識對認識結果的反應,進而使患者的症狀消失,但是「能意」意象「所意」的結果並沒有改變。但因唯識學立基於「真實理解」的治療,因此唯識學所轉變的重點,在於「見分」緣取「相分」之後,由「自證分」所確認的認識結果,在「自證分」確認了結果後,「證自證分」

盾意向療法」的評論,參見:註1,頁219。

〔註4〕Gerald Corey 以為:「存在主義治療比較適合被理解為,一個影響諮商者進行治療實務工作的哲學取向,因為它並不是一個治療的學派,也不是擁有特定技術的且定義明確的治療模式。」他的話是針對存在主義治療學派之總評,弗蘭克雖然提出了「矛盾意向」以及「非反省」兩種療法,但和「精神分析」、「完型治療」、「行為主義」等學派比起來,仍屬於較少的。參見:Gerald Corey 著,鄭玄藏等譯:《諮商與心理治療》(臺北市:雙葉書廊,2002年7月),頁166。

會與其互證，經由相互的確認，改變認識的結果，自然也會改變有情對於認識結果的反應。

意義治療學的療法因只是「轉移」潛意識對認識結果的反應，而不是「轉變」認識結果，因此針對其終極關懷——以靈性潛意識之力，協助人完成「超越性意義」的發掘和實踐。就不好運用他的療法原理來解釋。因「超越性意義」要能徹底的被一個人相信乃至願意實行，必少不了對事物的認識轉變，並非只是替換而已。在這方面，《唯識三十頌》比起意義治療學就多了很多描述，尤其是「善心所」與「解脫」間的關係，和如何從「三性」的認知轉換成對「三無性」的把握，有關於唯識的論述，將在下文詳細解說。

意義治療學雖然對終極關懷的實踐較沒有理論性的操作解說，但是他在針對當下痛苦及症狀的解除，確實提出了一些療法緩解，不論從「矛盾意向療法」還是從「非反省療法」，都可以提供一角度和視野來和《唯識三十頌》中煩惱的對治對話。以下即先就《唯識三十頌》煩惱對治的方式作一番梳理。

第二節　《唯識三十頌》對治煩惱心所的方式

對《唯識三十頌》來說，「心所有法」是心的分別作用，人之所以會有憤怒、忌妒、猶豫、恐懼等情緒，是因為眾生對於世界沒有真實的理解，所以才會以假為真，對虛假的事物產生執著，因執著而生出各種困擾自己的煩惱。雖然五蘊的變化起伏多端，沒有規律可循，感受、思想、念頭等心理生理反應，還必須依靠外緣才能出現，因此說色、受、想、行、識是沒有自性，亦沒有一定的規則。但是在五蘊作用的每一個瞬間，人的感受仍是真實不虛的，也因此伏斷煩惱才無法一蹴可幾，所以《唯識三十頌》在說明「三無性」、「真如」之餘，還要花上不少的篇幅來分析心如何去分別世間法。與意義治療學相同但不同的是，佛教治癒心理的方向，亦是放在意義的實踐和追尋上去解說的，但是佛教徒省去了尋找意義這一個工作，因為在佛教教理中，最終的意義已然決定，亦即終極的解脫。

任何法、修行、義理都是為了這個目標所設立的，心所的分析亦是，由《唯識三十頌》的心所分類看來，「偏行心所」是六識生起的順序；「別境心所」是指心識應對特定境時的反應；「善心所」則是協助人理解正理、生起勝解的心所；「煩惱」、「隨煩惱」心所則是障礙人理解正理、生起勝解的心所；

最後的「不定心所」則因生起的狀況不明，而沒有辦法判定善惡的心所。其中「善心所」和「煩惱心所」的分類標準是正反相對的，亦即以解脫的角度來說，「善心所」帶給有情正向的影響，而「煩惱心所」則相反。而從兩種心所的內容來看，也有許多直接相對的心所，最明顯的如：「無貪、無瞋、無癡」對上「貪、瞋、癡」；「慚、愧」對上「無慚、無愧」；「信」對上「不正知」；「不放逸」對上「放逸」。從這些直接的相對性上來看，解決「煩惱」、「隨煩惱」心所的方法，似乎應從「善心所」上去尋找。換言之，「善心所」的生起，有助於治療「煩惱心所」。

一、假、實法與煩惱伏斷的關係

《成唯識論》中均對心、心所分別假實，包含「善心所」及「煩惱心所」亦有假、實之分。假實法的分別是依俗諦來說，凡是性質可與他物分別，自成一獨立事物者，稱為實法。而依附實法分位假立者，則稱為假法。實法相較於假法具有較高的穩定性，生起所依恃的條件也較少，相反的，假法沒有獨立的體性，升起時也需要配合實法的狀況。故從治療的角度來說，直接伏斷屬於實法的煩惱心所，便能使屬於假法的心所消失了。例如：「不放逸」需以「無貪」生起作為前提，沒有「無貪」就不會有「不放逸」，則「不放逸」就是假法，而「無貪」是實法因此，若要從根本解除「不放逸」的負向影響，則應從消除「無貪」做起。又例如：「忿」、「恨」、「覆」、「惱」都是因瞋恨心而起之不同程度的憤怒情緒，亦是假法，因此只要伏滅「瞋」，上面四個隨煩惱心所自然也不會生起了。

（一）屬於實法的煩惱心所之對治

照上面的推論來說，屬於假法的隨煩惱心所，並不需要特別對治，只要所依恃的實法不生，這些假法自然也不會生起，因此，最需要對治的煩惱、隨煩惱心所，是屬於實法的：貪、瞋、癡、慢、疑、惡見、無慚、無愧、不信、懈怠、惛沉、掉舉、散亂。以下便就《成唯識論》的解說來為實法中的煩惱心所找尋對治的心所。

對治心所	煩惱、隨煩惱心所
定	散亂
信	不信
慚	無慚

愧	無愧
無貪	貪
無瞋	瞋
無癡	癡
勤	懈怠
輕安	惛沉
行捨	掉舉
無法分屬	惡見、疑、慢

列表之後，即可發現幾個問題：

（1）這些需要治療的煩惱心所，無法被善心所全部覆蓋，必須加上別境心所中的「定」才能對治「散亂」。

（2）在論及煩惱、隨煩惱心所時，《成唯識論》多言明其對治心所，唯獨「疑」、「惡見」、「慢」沒有明確的說明如何對治。

（3）對治的大致狀況，多半是實法對治實法，假法對治假法，但是「行捨」作為假法，卻對治實法「掉舉」。

針對第二個問題，觀察《成唯識論》對「疑」、「惡見」的論述可以發現，兩者都以「於諸諦理……」開頭，前者是「猶豫為性」後者是「顛倒推度、染慧為性」，兩者都「真實理解」相關，「疑」較輕微，只是對真實理解不完全相信，心中抱有疑慮；「惡見」比較嚴重，不僅不相信真理，還以相反的道理為真理。兩者的生起都是沒有建立真實理解之故，因此其治法應仰賴別境心所的「勝解」，只要人願意相信真實理解，並不對其產生懷疑，這兩個煩惱心所有就不會出現了。

但是，從「慢」的解釋中就比較難推論出其對治心所。然而，在解釋第二能變也就是末那識時，《唯識三十頌》說末那識常與四中根本煩惱相應：「我癡」、「我見」、「我愛」、「我慢」。而《成唯識論》在解釋「我慢」時，還將慢分成七種[註5]，每一種慢其實都是計執「我」比起他人優秀，不論是世俗上的能力、德行，或是法理證成上的優秀，這其實是一種認為地位有高低對立的迷癡，那是不明白事理的無分別真相，而對於器世間的二元對立，誤以為真，因此應該將其設定在「無癡」的對治範圍內。

〔註5〕參見第二章，註61。

（二）心所的向內與向外作用

　　針對第三個問題，則必須綜觀的檢視心所的解釋，心所中除了假實二分，還有一些細微的不同。拿善心所來說，善心所總共有十一個，分別是：信、慚、愧、無貪、無瞋、無癡、勤、輕安、不放逸、行捨、不害，前八個是實法，後三個是假法。其中：

1.	信	使人相信實、德、能。	（於實、德、能深忍樂欲，心淨爲性。）
2.	慚	使人尊崇賢者與善行。	（依自法力，尊重賢善爲性。）
3.	愧	使人抗拒世間暴惡。	（依世間力，輕拒暴惡爲性。）
4.	無貪	使人不執著有、有具。	（於有、有具，無著爲性。）
5.	無瞋	使人不怨懟苦、苦具。	（於苦、苦具，無恚爲性。）
6.	無癡	使人明解諸事理。	（於諸事理，明解爲性。）
7.	勤	使人精進斷惡修善之事。	（於善惡品修斷事中，勇悍爲性。）
8.	不放逸	使人持續修行善法，戒斷惡法。	（於所斷修，防修爲性。）
9.	不害	使人不損惱諸有情。	（於諸有情，不爲損惱。）

觀察描述這些心所作用句子可以發現，他們的結構都是：「於……之中，……爲性。」或是「依……，……爲性。」翻譯成白話來看，即是「使人」加上一「動詞」再加上一「受詞」。這些句子中的受詞如「實、德、能」、「有、有具」、「諸事理」等都是外在的事物，所以，透過觀察句子的結構，我們可以發現，這些心所都是對外在事物動作，亦即其作用的對象都是外在的事物。

　　善心所中還餘下兩個心所，分別是：

輕安	使人（心）安適。（遠離粗重，調暢身心）
行捨	使人（心）平靜。（令心平等正直、無功用住爲性。）

相較於前一組，這兩個心所作用的對象則是人的內心，使人改變態度或心理狀態。

　　由作用的對象爲標準，將善心所分成兩組，並觀察其句子結構的相異可以發現：第一組是讓人去做一種動作，而且幾乎都有一個外在事物作爲受詞，第二組關鍵詞則是一個形容詞，或解釋作使人獲得……的性質、特色，也就是說第二組的心所是對心自己作用，句子中的受詞是心本身。換句話說，第一組的受詞爲外境，第二組的受詞爲心自己。依此規則，我們可以將善心所粗略地分成兩組：一組是以外境作爲受詞者，暫且稱作「向外作用」的心所，

如：信、慚、愧、無貪、無瞋、無癡、勤、不放逸、不害；另一組是以心自己當作受詞，直接作用於「心」本身者，如：輕安、行捨。

以這個方向來觀察需對治的「煩惱」、「隨煩惱心所」，大致也可將其分作兩類，在貪、瞋、癡、慢、疑、惡見、無慚、無愧、不信、懈怠、惛沉、掉舉、散亂中，「貪、瞋、癡」與「無貪、無瞋、無癡」一樣，分別作用在「有、有具」、「苦、苦具」、「諸事理」上；「慢」則作用在「我、我執」上，也可進一步說作用在「有、有具」上，因此由「無癡」對治之；「疑、惡見」作用於「諸諦理」；「無慚」作用於「賢善」；「無愧」作用於「暴惡」；「不信」作用於「實、德、能」；「懈怠」作用於「斷惡修善之事」；「散亂」作用於「諸所緣」，以上十一種心所都可算作「向外作用」。

餘下的「惛沉、掉舉」則分別被定義為：

| 惛沉 | 使心昏闇沉重，不能輕鬆對境。（令心於境，無堪任為性。） |
| 掉舉 | 使心躁動不安，不能平穩對境。（令心於境，不寂靜為性。） |

則屬於「向內作用」的心所，正好與善心所中的「輕安、行捨」相對。因此，雖然「行捨」對治「掉舉」，是假法對治實法，在心所的對治中顯得比較特別，但若從心所之向內、向外作用方向來看，則「行捨」、「掉舉」都屬於直接向心作用的心所，以「向內」對治「向內」，也是合理的。

解決了以上問題，表格就可以進一步的整理如下：

對治心所	煩惱、隨煩惱心所
定	散亂
勝解	惡見、疑
信	不信
慚	無慚
愧	無愧
無貪	貪、慳、憍
無瞋	瞋、忿、恨、覆、惱、嫉、害
無癡	癡、慢、失念、不正知
勤	懈怠
輕安	惛沉
不放逸	放逸

行捨	掉舉
不害	害
無貪、無癡	誑、諂

要特別說明的是：「失念」和「不正知」的分類，失念依「念」、「癡」二法分位假立，亦即失念生起的條件是，接觸「曾習境」並銘記不忘，也就是生起念時，因「癡」性使然，使人對於過去所攀緣的負面影響，也就是無益正法的記憶，不能放下，以至於生起「失念」，因此，失念之所以為隨煩惱的關鍵不再生起「念」，而在與「癡」相應，故將其歸於「無癡」的對治範圍。「不正知」的分類與「失念」面臨一樣的問題，「不正知」是「慧」和「癡」的分位假立，亦即接觸「所觀境」時心識開始推度，也就是生起「慧」，但因攝「癡」性，使人往錯誤的方向推度，所以生「不正知」，因此亦將其歸給「無癡」。

二、《成唯識論》所提供的對治方法

確立了對治各個煩惱、隨煩惱的心所後，接著要說明《唯識三十頌》所提供的對治方式，《三十頌》有唯識五位：「資糧位」、「加行位」、「通達位」、「修行位」、「究竟位」的說法〔註6〕，要修行此五位的前提是，修行者須具有「大乘二種性」，也就是「本性住種性」和「習所成種性」，前者意謂從無始以來，阿賴耶識中本有無漏善種子的有情；後者則是願聽聞正法、修習正行，新熏無漏種子貯藏於阿賴耶識的有情，具有二種性者，乃能以唯識五位修唯識實性。

本論文所著重的「心、心所」之對治，屬於第一位「資糧位」的範圍，在「資糧位」中，雖然已發願求住唯識實性，但是還不能制伏二取（能取、所取）隨眠，此時主要在依唯識的理論、透過「聞」、「思」、「修」不斷與「煩

〔註6〕根據《成唯識論》卷9（《大正新脩大藏經》以下簡稱 T31, no. 1585, p. 48, b5～15）的解說：「資糧位」修的是「大乘順解脫分」，修「十住」、「十行」、「十迴向」，是為求唯識勝義準備，累積資糧的時段；「加行位」修「大乘順決擇分」，修煖、頂、忍、世第一等四善根，漸次地伏斷二取，引發真見；「通達位」是諸菩薩在通達正理並能實踐後，致力通達無我之理所住的見道，也就是初地入心，此位可以無漏現行二智，如實通達諸法相性；「修習位」是修習妙觀所住，從初地住心到十地出心的修道，此位菩薩依所聞真理，精勤修習不懈最終能伏斷煩惱，及其餘的智障；「究竟位」則是最終求永住於無上正等菩提的位階，此位是究竟佛果，也是修行的最上階，此位中已出離二障，具圓明智慧，亦可教化其餘諸有情，使其也能悟入唯識實性。

「惱障」及「所知障」抗衡。有關「資糧位」所需的修行條件及內容，《成唯識論》解釋如下：

> 此位菩薩，依因、善友、作意、資糧四勝力故，於唯識義雖深信解，而未能了能、所取空，多住外門修菩薩行，故於二取所引隨眠，猶未有能伏滅功力，令彼不起二取現行……此位未證唯識眞如，依勝解力修諸勝行，應知亦是解行地攝。〔註7〕

> 所修勝行，其相云何？略有二種，謂福及智。諸勝行中，慧爲性者，皆名爲智，餘名爲福。且依六種波羅密多，通相皆二，別相前五說爲福德，第六智慧。或復前三唯福德攝，後一唯智，餘通二種。復有二種，謂利自他。所修勝行，隨意樂力，一切皆通自他利行。依別相說，六到彼岸，菩提分等自利行攝，四種攝事、四無量等，一切皆是利他行攝。如是等行差別無邊，皆是此中所修勝行。〔註8〕

在資糧位中，雖然對唯識的義理已經了解並深信，但還不具有伏滅二取隨眠的功力，所以二取仍會現行，故應依四種殊勝：（1）「聞」、「熏」、「修」的因力。（2）「善友」的緣力。（3）決定勝解的「作意力」。（4）善修福智的「資糧力」。

　　由這裡的解說可以看見，「資糧位」中的有情眾生，仍在能、所的二元對立下尋求勝解，故與我們這裡要說的伏斷煩惱、隨煩惱心所比較接近。那麼處於這一位的修行者，該以什麼步驟使自己跳脫能、所對立的障礙呢？《成論》接著解釋，因爲此位的有情未證得唯識眞如，所以必須依勝解的「作意力」修習勝行。

　　勝行簡略可分爲兩種，分別是「福」和「智」。以慧爲體性的稱作「智」，其餘稱作「福」。以「六波羅蜜」爲例，六波羅蜜中的「布施」、「持戒」、「忍辱」屬於「福」；「精進」、「禪定」通「福」、「智」二種；最後的「般若」唯屬「智」。除「福」、「智」之外，勝行還包含「自利」、「利他」兩種，在修勝行時，隨修行者的意樂之力，使一切的功德都通於「自利」、「利他」二行，如「六度」、「三十七菩提分」等，都是自利行攝，而「四攝」、「四無量心」等，都是利他行攝，這些是資糧位中所要修習的內容。〔註9〕統整上面的解釋

〔註7〕《成唯識論》卷9（T31, no. 1585, p. 48, b28～p. 49, a4）。
〔註8〕《成唯識論》卷9（T31, no. 1585, p. 49, a4～13）。
〔註9〕另外，在資糧位中，「煩惱障」和「所知障」還沒有斷除，使修勝行時有三種

可知，《成唯識論》認為資糧位修行的條件是：（1）因力（2）善友力（3）作意力（4）資糧力。而修勝行的重點是：（1）「福」和「智」。（2）「自利」和「利他」。最後，這四種勝行可以透過修以下四行達到：（1）六波羅蜜（2）三十七菩提分（3）四攝（4）四無量心。

　　縱使唯識學提供了如此豐富的心識分析和伏斷煩惱的層層步驟，但對處於經驗世界的有情來說，抉擇善與不善法通常只是一瞬間的事，或許佛教可將此抉擇解釋作累世資糧所累積的清淨種子現行，但在抉擇的當下，還是需要依靠意念的轉移，或說自我的內在覺知。如何讓處於瞋怒狀態下的人，能夠自己覺知正念的效力，進而精進之，使無瞋能持續生起不斷。從這個角度切入，我們可借助意義治療學的治療角度，來觀察《唯識三十頌》中對煩惱心所對治的解釋。

三、「心所對治」與「四分說」的關係

　　不論是「矛盾意向療法」還是「非反省法」都以擾亂習慣性意向思維的方式，使個體對意識對象的觀感產生改變。拿「瞋」的生起來說，瞋心是因為有情對「苦」、「苦具」產生憎恚的認知，因此內心感到不平，並持續產生「忿、恨、覆」等逐次加強的心理反應。當有情在面對「苦」時，心識的「見分」緣取「相分」為「苦」，並產生「我知道我感受到苦」的「自證分」。從護法的角度來說，心識的認知除了「自證分」以外，尚有「證自證分」，「證自證分」的功用，是與「自證分」互為「所量」和「量果」，並在互緣互證中，檢證、修正認知結果。因此，就算有情不能改變「相分」的內涵，「見分」執取「相分」的動作，以及「自證分」的結果，但有情仍能掌握「自證分」和「證自證分」彼此互動的這一段過程，使得最終的內在認知，不以「苦」當作結果。如果說，四分間的執取是一種意識的意向性作用，「見分」執取「相

退屈，但針對三退屈，可以其他方式磨練心，讓修行者在證修的路程中可以勇猛精進，對抗退屈。第一，聞說無上正等菩提，廣大無邊，深遠難測，便感到退縮，認為自己沒有辦法證成，這時需引用其他聖賢者的成功案例，來使自己精進策勵。第二，聞說布施等六波羅密多極難修行，就感到退縮，這時要省察自己修行的初衷和意樂之心，並相信自己能修施、戒等行，鼓起勇氣。第三，聞說諸佛圓滿轉依，極難可證，就感到退縮，此時應觀察其他人所行施的粗善，來比較自己的妙因，粗善尚且可獲善果，妙因應更能獲得善果。由以上三事，精進自心，便能持續修行而不退轉。原文參見：《成唯識論》卷9（T31, no. 1585, p. 49, a13～22）。

分」是為向外意向，而「自證分」和「證自證分」互相緣取，則是向內意向。「相分」是識內的一顯像，而非真實的外境，這個顯像所表現出來的特質，是由人內在決定的，也就是說，「見分」之所以會認為「相分」為苦，並不是一個客觀事實，是有情自己內心操作的結果。

　　在前面舉的例子中，病人對症狀感到害怕，因此對可能引發症狀的狀況產生「預期性焦慮」，意義治療學便從改變病人對症狀的恐懼意向，使病人不將症狀的發生意向成可怕，反而將之意向成有趣、有成就等正面感受，如此「矛盾意向」便替代了「恐懼意向」，而症狀也不會再發生。若將「瞋」心所當作一種需要克服的症狀，則仿效矛盾意向的操作方式，在瞋心生起時用矛盾意向代替對「苦」和「苦具」的意向，使「自證分」不認為見分緣取相分的結果為「苦」，則「瞋」心所也就不會產生了。

（一）受蘊的分類

　　那麼何謂唯識學中的「矛盾意向」呢？在意義治療學中，「矛盾意向」的理論很簡單，就是將不喜歡的感受，轉成喜歡的感受而已。但是《三十頌》中對於喜歡和不喜歡這種「受」的定義，有：「此心所遍行、別境、善、煩惱、隨煩惱、不定，皆三受相應。〔註10〕」的說法，而針對「三受」《成唯識論》有更詳細的解釋：

> 此六轉識，易脫不定，故皆容與三受相應。皆領順、違、非二相
> 故。領順境相，適悅身心，說名樂受；領違境相，逼迫身心，說
> 名苦受；領中容境相，於身於心非逼非悅，名不苦樂受。如是三
> 受或各分二，五識相應說名身受，別依身；意識相應說名心受，
> 唯依心故。又三皆通有漏、無漏，苦受亦由無漏起故。或各分三，
> 謂見所斷、修所斷、非所斷；又學、無學、非二，為三；或總分
> 四：謂善、不善、有覆、無覆二無記受。有義：三受容各分四，
> 五識俱起任運貪、癡，純苦趣中任運煩惱，不發業者，是無記故，
> 彼皆容與苦根相應。〔註11〕

簡易來說：三受分別為：樂受、苦受、不苦不樂受，樂受是指使身心領納順境，有喜悅舒適的感受；苦受則與之相反，是使身心領納違境，有逼迫煎苦的感受；不苦不樂受謂捨受，使身心領受中容境，既不感逼迫也不喜悅。《成

〔註10〕《唯識三十論頌》卷 1（T31, no. 1586, p. 60, b20～21）。
〔註11〕《成唯識論》卷 5（T31, no. 1585, p. 27, a8～20）。

唯識論》又以三個方面來解釋三受：

（1）這三受都可以再進一步分成兩種，當與前五識相應時，三受又稱爲身受，與意識相應時，因爲唯和心相應，所以又稱爲心受。此三受皆通有漏和無漏位。

（2）從「斷」的方向來說，「見所斷」和「修所斷」是屬於有漏位的，而「非所斷」則屬於無漏位；從「學」的方面來說，斷見惑謂有學，斷思惑謂無學，若非有學也非無學則是一般的凡夫。

（3）三受分別與「善心」、「不善心」、「有覆無記」、「無覆無記」相應。

三受亦可再細分爲五：

> 或總分五：謂苦、樂、憂、喜、捨，三中苦樂各分二者，逼、悅身
> 心相各異故，由無分別、有分別故，尤重輕微有差別故。不苦不樂
> 不分二者，非逼、非悅相無異故，無分別故，平等轉故。〔註12〕

三受可以再分爲五種：苦受、樂受、憂受、喜受、捨受。多出來的憂受、喜受是從苦受和樂受中再分出來的，分別的標準是與前五識相應或與意識相應，五識粗重，意識輕微，所以與五識相應的逼境稱苦受，與意識相應的逼境稱憂受，與五識相應的悅境稱樂受，而與意識相應的悅境稱喜受。不苦不樂無關逼、悅，因此不論與五識還是意識相應，都不再分別。

（二）以「正確理解」來轉換「受」

回到心所的對治來說，有情會起瞋心是因爲心識認識所緣取之境爲逼境，並對此產生「苦受」及「憂受」，而轉移意向的對治方式，即是將「自證分」對於「見分」緣取「相分」的理解，由「苦」置換爲其他的結果。相同的，針對其餘「貪、癡、無慚、無愧、惛沉、掉舉」等煩惱心所，亦是同樣的道理。要以「矛盾意向」來與「煩惱心所」的對治比對，須將佛教的基本理念及唯識的價值觀考慮進去。

將佛教的修行理論與運用在醫學中，包含治療情緒、解除壓力、緩解病痛、臨終關懷的現代著作所在多有〔註13〕，其中《心靈幽徑》提到五個佛教

〔註12〕《成唯識論》卷5（T31, no. 1585, p. 27, a26～b1）。

〔註13〕以佛教的修行理論來治療人生活中所遭遇的心理障礙者有：河合隼雄著，鄭福明、王求是譯：《佛教與心理治療藝術》（臺北市：心靈工坊文化，2004 年10 月）、喬・卡巴金著，胡君梅譯《正念療癒力》（新北市：野人文化出版社，2013 年 11 月）；以佛教的心識理論和修行技巧與科學驗證對話者有：Daniel Goleman 著，李孟浩譯：《情緒療癒》（新北市：立緒文化，1998 年 7 月）、

修行中處理困難經驗的原則，在此可以借助爲一個理解的橋樑，這五個原則
分別是：1.捨　2.轉換力量　3.放在一旁　4.留心地行動且運用想像力　5.全心地演
出。〔註14〕其實這樣的處理方式，就和矛盾意向十分類似，將生活當作一種
測驗，與意義治療將人生當作一個任務一樣，生活中的情緒、困境是測驗中
的一道道題目，在面對困境時，如一、二、三點所說，必須放手讓它離去、
將困難轉化成有用的心理活動、將困境擱置，等待時機處理。第四點和第五
點是合在一起的，也是和「矛盾意向」最相似的治療模式，書中說：

> 假設我們遇到強烈的憤怒、慾望、懷疑或侵略，在這練習中，我們
> 要把它做出動作來，以想像力將它誇大。對慾望，我們想像它已達
> 到飽和，一再地重複上百次或上千次，感覺它、想像它、描繪它，
> 但我們要留心地做才不會只是將它強化而已。

> 實行這個練習有兩個限制，第一，不能真地傷害到你自己或別人；
> 第二，必須全神貫注地做。所以，如果那是個慾望，我們就小心翼
> 翼地去實踐它；如果它必須被表達出來，就把它表達出來，且觀察
> 我們的心智狀態，體內的情感，以及我們如此做時心靈所感受地壓
> 抑或開放。

上面提到了使用「想像力」和「演出」處理情緒或慾望時，必須要注意的事
項，除了實行時要以自身及他人的安全爲前提，且要相信並認真的演出。而
最重要的是，心識必須將當下要處理的慾望和情緒，盡情的表達出來，在同
一時間點，不僅沉浸在明確的感受之中，也站在第三者的角度觀察感受的變
化。也就是說，心識須將本身的慾望和情緒當作對象來認識，但同時又須自
己反思認識結果。這樣雙重的功能，其實可由「自證分」和「證自證分」彼
此的關係來理解。自證分」不斷的呈現出各種感受的真實，「證自證分」即以
各種感受爲緣，檢視並反省「受蘊」無常的改變。當「證自證分」不斷與「自
證分」互相反省，有情就能在這樣的心識活動中，體會到受蘊每一刻既真實
又無常的改變，並轉換對於當下的理解，在下一次又出現這種「悅境」或「逼

Richard J. Davidson、Sharon Begley 著，洪蘭譯：《情緒大腦的秘密檔案》（臺
北市：遠流文化出版社，2013 年）；將佛教對生死的看法運用在臨終關懷者有：
辜琮瑜：《生死學中學生死》（臺北市：法鼓文化，2010 年 7 月）、余德慧：《宗
教療癒與生命超越經驗》（臺北市：心靈工坊文化，2014 年 9 月）。

〔註14〕Jack Kornfield 著，曾麗文譯：《心靈幽徑》（臺北市：幼獅文化事業，1995 年
初版），頁 149〜158。

境」時，就能改變「自證分」對「見分」緣取「相分」的結果確認。這樣的心識活動，可使有情同時在心識的表現中，同時又可以反省自己的表現。

　　以意義治療學的角度來說，「矛盾意向」主要替換的對象是「苦受」和「憂受」，透過意向的替換，讓個體可以解除「逼境」對身體、心理產生的障礙，進而以舒適的身心積極的生活。而從唯識學的觀點來說，需替換的「受」不僅「苦」、「憂」兩種，若以「解脫」爲最終目的來講，「樂受」和「喜受」有時一樣會產生負面影響，假設「欲」與「可樂境」接觸時，心是正好與「貪」相應，則有情可能會因爲貪求某些執著，而續生「慳」、「憍」等煩惱，從這個角度來說，與根本煩惱相應的「樂受」和「喜受」是必須被替換的。然而並不是所有的「樂受」和「喜受」都是解脫的障礙，在定中生起的「樂」和「喜」是助益於解脫的受，如前面所分析的「輕安」，使有情保持安定、自在、清淨、輕鬆等心理狀態，因此不論是與「前五識」相應的「身輕安」之「樂受」，或是與「意識」相應的「心輕安」之「喜受」，都是不需替換的。

　　對於以「解脫」作爲任務的有情生命，最有利的「受」，即是不苦不樂的「捨受」，要使「樂、喜、苦、憂」四受轉爲「捨受」，必要具有一定的正解。因此，唯識學的心所對治亦是建立於「正確理解」上的治療體系，在《三十頌》所列的心所中，有「信、不信」、「勝解、惡見、疑」等關乎佛教價值觀與信仰的心所有法。「信」、「勝解」等心所的生起，使「證自證分」與「自證分」以正解作爲基礎互相辯證，並在「見分」緣取使「貪」、「瞋」、「癡」、「慢」等煩惱生起的境相時，透過「自證」的內在體制，以正解替代「貪」、「瞋」、「癡」、「慢」等認識結果，使有情從原本的「樂、喜、苦、憂」四受，轉爲「捨受」。簡言之，唯識的意向轉移方法，是以正解爲基礎，在「見分」緣取「相分」後，以「證自證分」的自省功能，轉換「自證分」對於結果之呈現。相較於意義治療學，在「能意」意向「所意」後，以「意志自由」的功能，轉換「潛意識」針對「認識結果」做出的反應之意向轉移法，有其相似之處。

　　在論說心識結構和煩惱的關係時，另外可思考前一章所提出「慧」與「勝解」的關係。「勝解」在《成唯識論》視爲「確定的理解」，是善惡不定的，要讓有情印定與解脫相關的眞實理解，使「勝解」產生正向影響，可透過「慧」對所緣境的推度，以自我價值觀簡擇正理。而「慧」的作用與「勝解」的形成，並不是直線式或一次性的作用，而是不斷循環改變的過程。當「慧」對當下的對境做出判斷，形成確信不疑的「勝解」，使有情對所緣境的經驗存入

阿賴耶識中，並以新的經驗庫面臨下一次的判斷，再以新經驗重新簡擇價值，並改變「勝解」的內涵，如此循環往復的自我辯證，不斷修正「勝解」，使其趨向最適合個人的解釋，並讓有情可產生屬於自己的勝解，使佛法、正理透過個體自己的循環辯證，以不同的形式產生影響。若從四分說的角度來檢視「慧」與「勝解」之間的循環，則不斷被修正的見解，使有情於每個因緣際會時，轉換自我價值，這個轉換的心識運作，便可以「自證分」和「證自證分」彼此互緣互證的運作來看待。透過不斷辯證的自我轉換，在每一個當下的遇合間，產生部分新解，並將新解與自我整體融合，使部分和整體能不斷的推陳出新，達到詮釋循環〔註15〕的功用，也藉此轉變理解，使有情開脫自己的解脫之路。

在看完了兩者的治療理論後，可稍微關照兩者的相似之處，其中「意義治療學」很注重「經驗」的汲取，這是在之前就說過的。而《唯識三十頌》的識結構中包含了「阿賴耶識」，其中貯藏了有情多生累劫所有的曾習境，有情會從眾多的種子中思量應對境相的作法和思維，這也可算是一種經驗影響當下的說法。但觀察兩者的「經驗」之談，人之所以能生出實踐「超越性意義」的想法，或是在種子現行時，有情能以「定」、「念」、「慧」讓「勝解」相續於處境時，這種心識的抉擇，並不是透過實際感受的經驗就可以說明的，而是一種「感性經驗」，「感性經驗」相對於「可以被言說」或是「曾經學習過」的經驗，是一種「先天的經驗」，且不論這樣的經驗之來源，他確實是一種可以被觀察到的事實，「感性」可以綜合生命中不同的部分，然後產生動力，「感性」的作用，在很多時候不能被解釋，像是某些場合或某個時刻會令人想哭，縱使當下大腦告訴人不應該哭，但眼淚還是不受控制的流出，「感性」

〔註15〕嘉達美延伸海德格哲學，站在前理解結構（Vorstruktur）上，提出「前見」（Vorsicht）等理解模式，作為其詮釋學基礎。一反傳統哲學去除成見的想法，他認可「前見」在詮釋中的角色。嘉達美認為，人在所處的場域中生活，即與生活的氛圍彼此開放，因此人不可能屏除自己的存在狀態進行詮釋。文本詮釋亦同，文本為「歷史流傳物」，不應與文化、人類活動切割開來。在嘉達美的詮釋學中，文本是前人理解的「前有」（Vorhabe），針對文本所做的詮釋則立基在與「前有」不同的「前見」下。詮釋時，將「前有」作為一個模糊的理解「整體」，而詮釋者以自己的立場對「前有」的理解，則作為「局部」，在局部與整體的不斷相互辯證中，漸漸使理解的全貌更加明顯，並形成新的理解，是為「詮釋循環」。參見 Hans-Georg Gadamer 著，洪漢鼎譯：《真理與方法》第一卷（臺北市：時報文化出版社，1993 年），頁 352～358。

會在不受腦的監控下作用，呈現出生命的綜合狀態。「感性經驗」的描述，可以協助兩個有「異點」的生命體，在「容貫平面」中對話。〔註16〕

　　對《唯識三十頌》來說有情之所以有「感性經驗」是因為種子在因緣成熟時現行；對「意義治療學」則是因為人有「靈性潛意識」。對治心所和治療精神官能症，都是倚仗這兩者的「感性經驗」當作源頭來進行。人沒也辦法直接控制種子的狀態，也沒辦法隨意使靈性潛意識運作或停止，但是從「態度」、「想法」、「認知」這種心識的轉變，是可以循序漸進的從源頭處改變障礙身心的負面影響。事實上，以專注的自我覺知之力，治療「壓力」、「失眠」、「疼痛」、「情緒失控」……等狀況，現已有實例，卡巴金博士所推行的「正念療癒」即是一例，「正念」指的是「專注地覺察當下心的狀態。」〔註17〕正念可以作為一種存有的型態，當人時時刻刻在察覺自己中生活，就可以隨時注意到自己的變化，同樣的當人為某些疼痛、壓力所苦，使心因為這些不適飄移時，病人可透過「正念」的練習，在觀察疼痛的發生的狀態、部位、移動狀況中，掌握疼痛的性質，並把沉溺在疼痛中的自己，引導回當下，專注於對自己最重要與顯著的事情，持續踏實的生活。〔註18〕

〔註16〕余德慧為解決「超越」和「經驗論」彼此不相容的問題，提出了「感性經驗」、「容貫平面」、,「異點」等說法來使「先驗」和「後天」的兩個概念彼此融通，並以此作為其治療的基礎概念。「異點」指的是不同有機體的不同組合狀態，譬如有些東西由甲吃下去，會對甲有益處，但由乙吃下去可能就會對乙造成無可彌補的傷害，這是因為甲和乙組成的狀態不同，所以對不同的東西有不一樣的反應，「異點」雖然是不能改變的相異，但相對於「特色」來說，「異點」著重在「無人稱狀態」中很單純的差異，他並不是「你、我、他」之間的因主體狀態不同的區分，而是不同有機體間基因組合的獨特性。而「容貫平面」則是說，具有「異點」的不同個體，在彼此開放溝通的前提下，可以放下現實條件的限制，在超脫的狀態中共融，像是：從現實層面來說，「人」和「寵物」間不能以語言溝通，但是透過肢體動作、訓練、喜好的拿捏，建立兩者的「容貫平面」使「人」和「寵物」以自己獨特的方式達到共同生活的默契。參見：《宗教療癒與生命超越經驗》（臺北市：心靈工坊文化，2014年9月），頁201～222。

〔註17〕喬・卡巴金著，胡君梅譯《正念療癒力》（新北市：野人文化出版社，2013年11月），頁42～43。

〔註18〕「正念」一詞其中一個源頭出自佛教的禪修，但卡巴金在運用時多半是脫離宗教的，聚焦在專注的力量和覺察的功用，並與治療結合，以輔助醫學的角度，處理人生活中的一般性障礙，有「練習呼吸」、「身體掃描」、「行走靜觀」等實際做法。參見：上註，以及喬・卡巴金著，陳德中、溫宗堃譯：《正念減壓初學者手冊》（臺北市：張老師文化，2013年10月）。

這種利用專注的力量，和時常自我察覺的心，來轉移或改變當下的處境，也是「意義治療學」和「唯識學」所關注的重點。「意義治療學」以之開啓「靈性潛意識」，使人本身作爲自己的主宰，操控意識的意向性作用；「唯識學」以之轉變賴耶中種子的種類，進而影響「自證」、「相分」的形成。這兩種學說，都將人「專注」和「自我覺察」的力量，運用在治療理論中，但更進一步的，這兩種力量，牽涉到兩者更高層面的關懷，有關這部分，將在下一節說明。

第三節　意義治療學和《唯識三十頌》的治療目的比較

梳理了《唯識三十頌》和「意義治療學」兩者如何運用其理論，對治眾生在對境時所生起的「煩惱」，以及因心理問題而患上的「精神官能症」。但治療這種因「無明」或「喪失意義意志」而引起的不適，只是兩者對於病症的初級處理，不論是《唯識三十頌》還是「意義治療學」，都期許患者能夠在治療的過程中，明白更高層次的需求，並且進一步去追尋之。因此，在論文的最後，須將兩者的治療方式，與其終極關懷統合，才不會失去他們實行治療的最終目的，使得分析有所偏失。

《唯識三十頌》的終極關懷，隨著「唯識五位」的晉升，可以很明確地看見，但是「意義治療學」的終極關懷，則必須透過海德格哲學解釋，乃能使其更清晰的呈現。在第四章中雖已提過，「唯識學」和「意義治療」的終極關懷是兩條非常不同的路線，但是筆者以爲，經過上面幾節的分析後，可以進一步觀察兩者在「意識」、「心所」的向外和向內作用，以及兩者如何定義「自我提升」的理論，使患者達到在身心療癒之外，達更高的治療目的，或許可從中更深刻地看出兩者的異同。

一、「意識」、「心所」的向外和向內作用

首先，可以從「快樂」的求取上進行比較，在「意義治療學」的解釋中，「快樂」是追求意義的「副效應」，不能夠直接被意向，當人尋到自己的「意義」並去追求時，在追求意義的過程中，才有可能獲得「快樂」，如果將其當作直接求取的對象，則不僅不能獲致「快樂」，反而會因爲追求「快樂」，而與眞正的「意義」擦身而過。相對的，在唯識學的討論範圍中，也有一些針對因使人舒適、愉悅而讓人欲求的心所，其中有帶來正向的「輕安」，也有善

惡不定的「欲」，以及帶來負向影響的「貪」。這三類心所，都能使「樂受」
生起，唯視「所緣境」的內容決定因樂受產生的心所屬於何者。「輕安」表示
情緒穩定、身心舒暢，或是在禪定中修行者喜悅輕快的狀態；「欲」表示欣喜、
想望，希望能不斷接觸所緣境的狀態；「貪」則表示執著於存有物，認爲「我」
可以長久擁有屬於自己的事物。

若以意義治療學所說的負向「快樂」來講，則「貪」的狀態應該最接近
人因貪著「快樂」，而躑躅不前的處境。但是，若以較積極的正向影響來說，
則弗蘭克沒有細說的另一面，其實才是「快樂」對於「意義意志」、「超越性
意義」的啓發。筆者以爲弗蘭克之所以對「快樂」有這麼負面的評價，是因
爲他在說明「快樂」時，多半爲反對佛洛伊德的「快樂原則」，但是細讀意
義治療學中與「快樂相關的描述會發現，「快樂」涵蓋的範圍很大，不僅意
指因本能得到滿足而有的舒適，因追求生活、創造性意義得到的成就感，還
有因「超越性意義」而有的信仰之樂等，弗蘭克統合的說快樂是追求意義的
副效應，並沒有在其中區分快樂的層次，也沒有特別在「快樂是否對追求意
義有增上作用」這點著墨，但是「快樂」對於人追求意義並不是完全沒有幫
助的。這點，可以由「輕安」的特性中觀察檢視，提供「快樂」另一個影響
面向。

（一）具有增上作用的「輕安」和「快樂」

雖然「輕安」所指的愉悅、輕鬆的內心喜悅，是不包含本能以及器世間
的生活、創造，唯指以解脫作爲超越性意義而得到的內心喜悅，和意義治療
學討論的範疇不相同，然而在唯識心所的環環相扣中，「輕安」對於修行者的
增上作用，是很被重視的。〈瑜伽師地論〉中說：

> 勝解思擇作意者，謂由此故，或有最初思擇諸法，或奢摩他而爲上
> 首；寂靜作意者，謂由此故，或有最初安心於內，或毘鉢舍那而爲
> 上首；一分修作意者，謂由此故，於奢摩他、毘鉢舍那，隨修一分；
> 具分修作意者，謂由此故，二分雙修。無間作意者，謂一切時無間
> 無斷，相續而轉；殷重作意者，謂不慢緩加行方便。此中由勝解思
> 擇作意故，淨修智見；由寂靜作意故，生長輕安；由一分具分修作
> 意故，於諸蓋中，心得解脫；由無間殷重作意故，於諸結中，心得
> 解脫〔註19〕。

〔註19〕《瑜伽師地論》卷 11 （T30, no. 1579, p. 333, a11～24）。

在依勝解思擇的力量修行時，先以定心安住外攀緣，並集中意念消除雜念，培養專注力，層層向上，以「奢摩他」為最高階，亦是「止」；在依內心平穩的力量修行時，先以專注力觀察身心、感受的變化，培養洞識的能力，層層向上，以「毘鉢舍那」為最高階，亦是「觀」。有一些人單獨以修「止」或修「觀」其中一分為目標，也有人同時修「止」和「觀」兩者。但不論修行的次序為何，必須在一切時不間斷作意的修行，並隨時精進、勇悍、不鬆懈。在依勝解思擇的力量修行時，可以清淨修正並增長智慧；依內心平穩的力量修行，可以生起輕安，並不斷使輕安增長常住；修「止」或修「觀」其中一分，以及雙修兩分，可以使心從「五蓋」〔註20〕之中解脫；於一切時不間斷，勇悍精進的修行，可以使從心「九結」〔註21〕中解脫。「輕安」在內心平穩的狀態中生起，使其增長加強，不僅可以促成「毘鉢舍那」，開發智慧，並在戒斷「五蓋」、「九結」的歷程中，佔有重要地位。〔註22〕因此，從「快樂」和「輕安」在人追尋終極目標的過程中，有不一樣的影響力，追求「快樂」會使人模糊追尋意義的焦點，但追求「輕安」可引發正面的「欲心所」，促使有情從想望心理的平穩輕鬆，朝向「解脫」邁進。

　　由於弗蘭克在描述「快樂」時有其特定目的，所以對於「快樂」的說法並不這麼全面。其實，依照意義治療學的定義，在人內求意義並將人生當作實現意義的任務後，「快樂」就會在這個任務進行間自然呈現，當快樂被人感知、造成喜悅的心理，要說它對於人繼續追求意義沒有任何正向幫助，是有

〔註20〕《瑜伽師地論》卷 8：「蓋者五蓋：謂貪欲蓋、瞋恚蓋、惛沈睡眠蓋、掉舉惡作蓋、疑蓋。」（T30, no. 1579, p. 314, c21～23）。

〔註21〕《瑜伽師地論》卷 8：「謂九結：一愛結、二恚結、三慢結、四無明結、五見結、六取結、七疑結、八嫉結、九慳結。」（T30, no. 1579, p. 313, b10～12）。

〔註22〕依《長阿含經》卷 8 的記載，修行有「四禪」之說，從「初禪」至「三禪」間的修行者仍可漸次體會不同的「樂受」和「喜受」。在「初禪」中，修行者可感受到「眼、耳、身、意」四識的樂、喜受；在「二禪」中則只能體會到「意識」的樂、喜受；而「三禪」修行重點，便是將意識活動中的樂、喜受，轉換成捨受，使心識能處於不苦不樂的狀態，最後才能進入第四禪。（T01, no. 1, p. 50, c18～23）由此看來，「輕安」對於修行增上作用，僅止於「初禪」和「二禪」。到了「三禪」，若修行者貪著「輕安」反而會造成障蔽修行者進入「四禪」。如果從至「初禪」到「三禪」漸次轉樂為捨的觀點看來，「輕安」和「快樂」的確具有相似的障礙作用，但由於佛教中所論的障礙作用，屬於較深的禪定範圍，與意義治療學只論「滿足慾望」的「快樂」有層次上的差異，因此筆者沒有將這方面的比較放在正文中描述。

點說不過去的。再者，從「此在」的角度來看，同樣的事依人的態度和抉擇，可以在「本眞性」中呈現，也可在「非本眞性」中呈現，在兩種狀態中呈現的同一事，具有不一樣的效果，「煩」就是一個例子。

筆者曾在第三章論述過「煩」如何以日常的繁瑣，使人自己將自己限制在非本眞狀態，沒有辦法實現「此在」。日常的「煩」會使人陷入勞勞碌碌的循環中，誤以爲自己是生活的一般狀態，而獻身於「煩」中，無法回返本眞。但是「本眞」跟「非本眞」都是「此在」的狀態，海德格並沒有刻意提高或貶低這兩種狀態的地位，在非本眞中所發生的「煩」同樣也會發生在本眞中，只是同樣的現象，有不同的用途，在本眞中的「煩」，是促使人將「此在」以本眞性的模式呈顯之動力，海德格說：

> 「煩」在良知呼聲中向最本己的能在喚起「此在」。

> 「死」、「良知」、「罪責」這些生存論現象都駐足於「煩」這種現象。

〔註23〕

可見在「本眞性」中「煩」依然促使人爲某些價值勞役自身，但與日常生活不同的是，本眞中的「煩」，在人已注意到良知呼聲的前提下，有加強人對良知呼應的功效，「煩」不斷以「死亡」、「良知」、「罪責」這些心理的因素，督促人必須維持留在本眞性生活的意識，他使人心有所「畏」的操勞，因人「畏」於非本眞性帶給「此在」的不良影響，所以人時時警惕的讓本眞性顯露發揚。

從這個角度來解釋「快樂」就會發現，其實「快樂」也對「意義意志」的彰顯具有增上作用，只是弗蘭克沒有明確說明罷了。在「此在」中以「本眞性」存有的人，從意義治療學的觀點來看，就是懂得追尋意義並完成意義的人，在這個過程中，自然產生的「快樂」，有別於「非本眞」中使人向下沉淪的「快樂」，不僅可以「希望得到更多快樂」的內在反應作爲持續追求意義的動力，更可以使人區別向下沉淪的「快樂」，警惕自己應積極地行使「意義意志」。

（二）「唯識學」和「意義治療」對向內意向的評價

從上面的論述看來，「快樂」和「輕安」並不是完全相異的，前文曾論述

〔註23〕海德格著，陳嘉映、王慶節譯：《存在與時間》（臺北市，唐山出版社，1989年），頁388～389。

過心所具有「向外」及「向內」作用兩種類別，從這個觀點來觀察「意義治療」論述「快樂」，則能看出兩者價值觀的更多相似處。「輕安」是在正確的理解下才會出現的心所，當人開始以正解觀看這個世界，並依照正確的方式修行後，「輕安」才能夠生起。不論是「身輕安」或是「心輕安」，都必在人對五識的生成有一定理解，或是能擁有一定的專注力，生起「定」後才能夠出現。也就是說，有情沒有辦法直接對「外緣」意向就使「輕安」生起，必須因正解，並依正解修行、處世，才能使心充滿喜悅、平穩。而意義治療學認爲「快樂」是追求意義後才會有的副效益，並非可以向外意向的對象，而促使人追求意義的「意義意志」是從「靈性潛意識」出發，並由「意志自由」協助促成的，換句話說，追求意志的慾望是由內心發出，透過這個內在的求取，「快樂」才有可能產生，亦即「快樂」之獲得，也必須回歸內心。

　　《三十頌》中的「輕安」作爲向內作用的心所，已在上一節作過論證，從《成唯識論》所用的語法當中，可以清晰地看見，「輕安」對心的直接作用爲何，並且與其他向外作用的心所有什麼不一樣的地方。但若要更進一步探討意義治療學所謂的「內求意義」是什麼意思，則須援引海德格所說的「良心的聲音」（die Stimme des Gewissens）來說明。海德格認爲，在日常世界中，非本眞的常人狀態，透過「閒談」（Das Gerede）、「好奇」（Die Neugier）、「兩可」（Die Zweideutigkeit）這三種模式，來開展人通常沉淪（Verfallen）的非本眞日常模式〔註24〕，要脫離這種模式，必須明白「閒談」、「好奇」、「兩可」這種語言模式，是紛亂且混淆的，才能從此際抽身，傾聽到「本眞」的聲音。當人聽見本眞的聲音，也才能依照這個內在的聲音，開展本眞性的「在世存有」。海德格認爲，在傾聽自我時，所聽到之本眞的聲音，是相對於常人言談的「良知的聲音」〔註25〕。

〔註24〕海德格在其著作中說道，「閒談」是透過聽與說、文字、圖像等表意的傳播，紛雜呈現不具驗證的訊息，這種方式有點類似人云亦云，他使人陷落在眾多的訊息當中，無法判斷眞實；「好奇」是主要以視覺認知開顯的覺知，在人透過「視」（das Sicht）理解世界中的樣貌時，人們誤以爲自己認識的日常世界是經過驗證、具有嚴格規則且正確的認知；「兩可」是指人與人之間相互窺測的關係，在人際關係中，因各有名分使然，故在行爲之前，我們會先臆測他人可能的喜好或反應，在自以爲了解，卻又不依定了解下，與他人互動。這三種狀態，是開顯「此之在」的「日常生活」之三種方式，使人沉淪在「非本眞」中無法脫身。同上註，頁213～228。

〔註25〕海德格將良知定義爲：「作爲一整體的、明白透徹的、透過一種理解而實現的

這裡所說的聲音，其實是一內在本真發顯的隱喻，而「良知的聲音」最重要的作用，是使人在「煩」中留意到此在本身〔註26〕，使沉淪在日常世界中的常人，能收回被拋擲到非本真的自身，以本真性在世界中存有。如同本真性一直與「此在」同時表現，本真的聲音其實也一直存在人的生活中，只是人已在充滿擾攘之音的環境中待了太久，所以總是忽略了與日常語言不一樣的聲音。其實，人之「內求意義」與「從聽常人之際抽身出來，去傾聽本真。」是一樣的譬喻，弗蘭克說意義，也十分強調他本來就存在人的內心，只是人沒有刻意去發掘，因為人總是不斷地向外求取，如誤以為自己可以外求「快樂」一樣，所以才會和內在的聲音擦肩而過，當人能以「意志自由」往內取尋求自己真正的需求，才能夠知道何謂「意義」，而「意義」也和「本真的聲音」一樣，一直與人同存，並不會散失，只是有沒有被注意和重視罷了。

雖然「快樂」和「輕安」的定義不完全相同，甚至兩種學說對其評價正反不一，但從兩者的比較中，可以看見「意義治療學」給予意識的「向內意向」很高的評價，甚至認為人所以能將人生創造成一個有意義的任務，須依靠意識的向內意向，才能夠做到。

二、從治療當下到自我提升的過程

「心所的分析」或是「改變意向的治療」，都只是《唯識三十頌》及「意義治療」理論的初級階段，透過對日常世界的改善，使人在治療的過程中，可以更進一步的理解更高的使命，意即「靈性潛意識」的開啟，和「真如」證成，而兩者也提供了如何從當下煩惱中，提升自己的視野，並反身要求自我，實踐最終的目的。唯識和意義治療均有提升自我的理論，教人如何從當

自我選擇。」對「此有」作為「有限的存在者」來說，領會了死亡真義也就意味著了解了「良知的呼喚」，而選擇「願有良知」。良知的聲音是不可期、不可掌控的，甚至與常人意願相違的，它是本真的煩之表現，用以呼喚人從「非本真」回到「本真」，雖然良知的現象呈現在「此在」中，並隱含停留在「常人」和「本真」兩種狀態，但它僅能從「非本真」過渡到「本真」，從「常人自身」過渡到「本有自身」，是一種單向的過渡，反之即非。因此，良知不僅是一座連接「本真」和「非本真」的橋梁，他也統一了「此有自身」和「常人自身」。參見：林薰香：〈論《存有與時間》的良知現象〉，《揭諦》第 28 期（嘉義：南華大學哲學與生命教育學系，2015 年 1 月），頁 39～94。

〔註26〕同註23，頁 337～370。

下的蒙昧中抽身，朝向澄明的認知前進，特別的是，從「此在」和「三性、三無性」的理論中可以窺知，兩者都沒有將「當下」與「超越」定義成分裂的兩種狀態，反之，都認為「超脫當下必須在當下間」進行，就像日常生活也是此在的一部分，而菩提與煩惱相互證成一樣。以下即就兩者論述「自我提升」的部分對話，更進一步的觀察兩者終極關懷之異同。

（一）跳脫二元對立的存有模式

在第三章中，筆者曾論述了海德格所謂的「本真性」及「非本真性」，並將其和「意義治療學」之「開啟靈性潛意識」相互對照。「非本真的常人」和「本真性的此在」之差別在於：前者以為世界是一個對象性的存有，但後者卻能將自身與世界相容生活，當人能夠與世界相容，才是真正的「在世存有」。換句話說，當人不將世界當作自身以外的「物」認識時，才能以本真生存。這與唯識學說有情必須看透「見、相」二分是依人的分別心而起，而非真實的對象性認識，才能夠從「能、所對立」的狀態中解脫有一些相像。從跳脫二元對立的角度，來分析「意義治療學」，也可看見相似的思考，雖然其療法是由「意向性作用」的操作成立的，但「意義治療學」之所以認可人能夠自主的操作意識，就是因為他肯定「意志自由」以及「靈性潛意識」的作用力，並認為人先天與生活環境相互滲透、彼此影響，故不必道德規範的牽制，天生就將生存世界之氛圍納入意志的考量中，當人能夠自覺這種天生的特性時，才能夠開啟「靈性」向度，使其發揮最大的作用，換句話說，人必須理解自己存在世界中，並對生存具有某種責任感時，才會真正成為生存著的人，也才是「意義治療學」所謂的：以追尋意義做為人生任務之統合身、心、靈的人。

進一步說，意義治療學將潛意識分為佛洛伊德主張的「本能潛意識」以及「靈性潛意識」，並主張「本能潛意識」驅使人因慾望行事，是一種向下的力量；「靈性潛意識」卻使人趨向責任和良知，是一種向上的提升，當人以為向外於世界求索，或滿足世界的所需，就可以使自己的慾望得到滿足，心理不適或不平衡的狀態得到緩解時，他就是將世界當作一個異於自身的「物」去認識。但相反的，若理解「在世存有」，能夠彰顯自己的本真的人，則可以了解「世界」與「我」是處在同一個場域中，互融互攝的相輔關係，而能夠跳脫外求的思考模式，從內去改變心理、態度，進而轉變處境，控制自我需求，在這個狀況中，人在「此」真切的「存在」，世界並不是一個相對於「我」

的對象認識，而是與「我」相同共生的同一，只要能自覺到這種生存的狀態，則「靈性潛意識」即可發揮作用，促使人內求意義，並將意義當作任務去完成。總而言之，以海德格哲學的角度來解釋，讓「本能潛意識」主宰自身的人，是以「非本眞」狀態生活的人，並將世界當作對象性認知，對其進行求索；而以「靈性潛意識」主宰自我的人，是以「本眞」狀態生活的人，並將世界當作與己同存的共同體，與世界相互存有生活。

　　這兩種潛意識同時都存在於人的內心，並不會因爲哪一個作用比較強烈，就使另一個消失，只是在人沒有特別意識到「意志自由」時，一般都處在受到「本能潛意識」的驅使下生活，但是一旦人覺知到意志的自由，使自己成爲意志的主宰後，即可使「靈性潛意識」表現作用，甚至凌駕「本能潛意識」之上。如同一般人大多先被拋擲於「日常生活」，以非本眞的狀態存在，直至人懂得傾聽「良知的聲音」，才能夠回返本眞性，眞正理解「在世存有」。

　　（二）以「死亡」和「痛苦」的雙向功能為「意義意志」的動力

　　爲了保證人一定有追求意義內在的動力，弗蘭克在「靈性潛意識」和「意志自由」之上，設立了「意義意志」，並透過「死亡」和「痛苦」兩者來說明「意義意志」行使之必然。由於命限的壓力，以及受苦時所造成了心裡張力，激發人們的責任感，由於對生命負責的內在需求，自主的尋找並實踐意義。也就是說生活不僅會造成人的痛苦，死亡亦是，但這兩者在讓人受苦的同時，也賦予了一種動力，使人們有創造自我意義的可能，而「超越性意義」便在此中形成，因此「死亡」和「痛苦」同時集負面和正面影響於一身。這與海德格將本眞和非本眞的狀態轉換，放在「煩」及「畏」上面說，具有相似的想法。

　　如同前文所說的「煩」的雙重作用，海德格也以「本眞」和「非本眞」的一體兩面性表述「畏」（Angst）與「怕」（Furcht）〔註 27〕這兩種狀況，並用他們來解釋「非本眞的怕死」和「本眞的畏死」狀態，區分害怕對象性的認識，以及內心根源性的督促。換句話說，當「畏」、「怕」這兩種概念與「死亡」合在一起解釋時，便可以區分出「害怕死亡」的日常，以及「向死亡存有」〔註 28〕的終極關懷。先說「畏」和「怕」的不同，「畏」是內心根源性的

〔註 27〕同註 23，頁 240 註 1。
〔註 28〕同註 23，頁 314～317。

感受，「怕」是針對某個對象升起遠離願望的心理，也就是說，「畏」出發於純然的內在，是人理解此在後，擔心自己不能在「此」存有，被拋擲回日常的心理，「畏」能夠使人鞭策自我貼合此在生存，彰揚本眞性；「怕」則是針對某個特定的威脅者，擔心他對自己造成害，或因對威脅者不了解，產生未知的恐懼，「怕」使人因恐懼卻步，滯礙前行與發展本眞性的可能。換句話說，「畏」是向內意向的結果，而「怕」是向外意向的產物。從以上的說法可以看到，海德格認爲人最高層次的存在狀態，是「本眞性」的「此在」，而要呈現這樣的狀態，自我需有自覺地將「怕」提升到「畏」，從消極地阻擋對象性之威脅，到由內心升起適當焦慮，以本眞的「煩」督促自我持續留存「本眞性」。

其實弗蘭克所說的「痛苦」就有點類似「煩」，「意義治療學」說「痛苦」其實也具有正反兩面的意義，「本能潛意識」會讓人以爲「痛苦」違反快樂原則，而盡力避免並遠離他，「靈性潛意識」則會讓人，在避免「痛苦」之心態生起時，盡力提升自己，使自己成爲比當下苦難更高的層次，而在把自己從當下提升的同時，會形成一定的心理張力，這種張力使人從「怕痛苦」轉到「畏痛苦」。當人以「意志自由」選擇了後者，則「靈性潛意識」就成爲了主宰，在「靈性潛意識」發顯的狀態下，人就能以「畏死」的心情面臨「死亡」，這時，「死亡」就不會作爲一件「必然發生的終結事件」被人認識，且讓認識對象感到「怕」，而是將「死亡」納入生活中，使人將命限的張力容納進追尋意義的旅程中，成爲促成「意義意志」的動力。至此，「死亡」不是特定事件，而是「生活的一部分」。

海德格提出「本眞性」提醒人不要以「偏於一執」的方式認識所處世界，而要隨時明白自己「此在」，不要將世界當成對象性的認識。弗蘭克以這種思考當作「意義治療學」的養分，他以「意向性」原理設計其療法，只是爲了處理不能自我提升所造成的「精神官能症」，在「矛盾意向」和「非反省」之上，人必須自我覺知「靈性潛意識」之開啓的必要，不要將「痛苦」、「死亡」等事件當作毀滅性的對象認識，反而要將他們當作生命的一部分，讓他們成爲督促「意義意志」，成全「意志自由」的幫手。

（三）《唯識三十頌》的治療目的──三無性

說明了「意義治療學」的自我提升和終極關懷，接下來看《唯識三十頌》在「心所對治」中所寄託的使命。《三十頌》之所以花這麼多的篇幅說明心識的分別認識，其實也是希望有情能從「能、所」的對立中跳脫出來，明白外

境形成之無自性。在《三十頌》中有「三性」之說：「即依此三性，立彼三無性，故佛密意說，一切法無性。」〔註29〕，「三性」是《三十頌》所主張的萬法生起的原理，「相、見」二分亦依此理成立，但唯識的關懷除了要有情透過「三性」的理解，進入「三無性」的觀察角度，並要依「三無性」修行，達到解脫的可能。

「三性」指的是「遍計所執性」、「依他起性」、「圓成實性」。《唯識三十頌》說：

> 由彼彼遍計，遍計種種物，此遍計所執，自性無所有；依他起自性，
> 分別緣所生；圓成實於彼，常遠離前性。故此與依他，非異非不異，
> 如無常等性，非不見此彼。〔註30〕

此三性之名爲玄奘的譯文，「遍計所執」的梵文原意爲「被分別的」或「被妄想的」玄奘將其譯作「遍計所執」是強調其被動的性格。「依他起性」的原意爲「依於他」，「起」爲玄奘所加，其調其「依於他而起的」的特質。「圓成實」有「成就」之意，玄奘以其爲「被圓滿成就的實性」〔註31〕。又《三十頌》說「圓成實」和「依他起」時，主張這兩性是相依偎的，「圓成實」的明瞭必須依靠「依他起」之功用，才能夠成眞。

《成唯識論》在解釋三性時，是依著「識轉變」來講的。〔註32〕首先解釋「遍計執」，當識體在認識外物時，「見分」和「相分」分別作爲「能遍計」〔註33〕和「所遍計」，使外物在「自證分」中虛妄分別，因此誤以外物爲「遍計所執」的「實我」和「實法」。「遍計執」是「見、相」及「自證分」對外物的周遍計度，而「依他起」則是此計度的緣起，識體與外物的接觸，乃至「自證分」，以及依「自證分」成立的「見、相」二分之成立，都是因緣和合而生，故日「依他起」。〔註34〕

〔註29〕《唯識三十論頌》卷1（T31, no. 1586, p. 61, a22～23）。
〔註30〕《唯識三十論頌》卷1（T31, no. 1586, p. 61, a14～19）。
〔註31〕陳一標：《賴耶緣起與三性思想》（新北市：文化大學哲學研究所博士論文，2000年），頁205～206。
〔註32〕參見：《成唯識論》卷8（T31, no. 1585, p. 46, a14～b6）。
〔註33〕有關「能遍計」的自性，《成唯識論》記有安慧及護法兩家的異解，安慧以爲八識心王，及各種心所有法，只要不是無漏都可周遍計度，屬於「能遍計」。而護法則舉出十種理由，說明只有執我、執法的第七、八識是能遍計。參見：《成唯識論》卷8（T31, no. 1585, p. 45, c21～p. 46, a10）。
〔註34〕《成唯識論》在解釋這一段時，還記錄了安慧和護法對於「見、相二分」爲

再加入「證自證分」的功能來檢視「見、相」二分的性質：在「自證分」虛妄分別時，以有情的對法的種種正確理解，由「末那識」思量現狀，從「阿賴耶」中使與當下相關的各種對法之正解的種子現行，讓「證自證分」以內在的理解，與「自證分」中所呈現的量果互緣互證，最後能使執持「實我」、「實法」的結果轉為不分別，不僅必須有「證自證分」的功能，在四分的基礎下，「見、相」二分也必須為「依他起」才行。

從理解的轉變，有情乃能由「三性」轉向「三無性」，《成唯識論》說「三無性」：

> 即依此前所說三性，立彼後說三種無性。謂即相、生、勝義無性，故佛密意說：「一切法皆無自性。」……云何依此而立彼三？謂依此初遍計所執立「相無性」，由此體相畢竟非有，如空華故；依次依他立「生無性」，此如幻事託眾緣生，無如妄執自然性，故假說無性非性全無；依後圓成實立「勝義無性」，謂即勝義由遠離前遍計所執我法性，故假說無性非性全無，如太虛空雖遍眾色，而是眾色無性所顯，雖依他起非勝義故，亦得說為勝義無性，而濫第二故此不說。〔註35〕

三無性即是依「遍計所執性」所立的「相無性」；依「依他起性」所立的「生無性」；以及依「圓成實性」所立的「勝義無性」。依「遍計所執性」所誤認的「實我」和「實法」，本來就沒有自己的體性，如因眼翳所見的空華一樣，本身是不存在的，故稱為「相無性」；世間眾法假藉因緣而生，若沒有他緣的助益，不可能自己生出，因此稱「生無性」；「圓成實性」的成立，是建立在有情願遠離遍計執的前提，若心識能不起分別，則能夠真實且完善的認識這個世界的狀態，「圓成實性」才能夠生起，因此，儘管是「圓成實性」也是依

「依他起」還是「遍計執」的不同意見：配合識轉變的知識論來講，安慧以為不論是「見分」、「相分」還是「自證分」都是遍計執的結果，安慧的主張與其「一分說」相關，他認為心識只有自證分一分，其餘相、見二分雖然有其作用，但只是「自證分」的表現而已，並不具有自性。但是護法以為，眾緣所生的「心」、「心所法」和以及「見、相二分」都是「依他起性」。他認為，「遍計所執」之可能，是依著「依他起性」成立的，當根、境、識三和，自證分才會出現，而見、相二分也才能依自證分出現，此時識體才能夠依「能遍計」和「所遍計」來遍計萬物。《成論》以護法的說法為正義，因此本文直接將護法的意思寫在內文中。

〔註35〕《成唯識論》卷9（T31, no. 1585, p. 48, a3～17）。

著「遠離遍計執」生起，故說「勝義無性」〔註36〕。

由於《三十頌》及《成唯識論》的三性結構是圍繞著「識轉變」的解釋來說的，故「三無性」的證成，亦不能脫離「識轉變」。前文說到，要由正確的理解來轉變「自證分」所呈顯出的「見分」緣取「相分」的認識結果，須由「證自證分」表現與「自證分」之間互相證成的功能實現。而有情要從「遍計執」中超脫出來，並將「依他起」了然於胸，以對事物的真實理解，來分析並應對身邊所發生的事情，自然有賴於「自證分」的轉變。以「瞋心所生起」的例子，當有情接觸了某一外境，而生起「瞋心所」，這時「自證分」產生「我知道我產生了瞋心」的結果，但若有情在正聞熏習之下，漸漸將正法種子儲存進「阿賴耶識」中，則下一次有情又面對此境時，「證自證分」就能與「我知道我產生了瞋心」的「自證分」互證，在循環的辯證中，轉換「自證分」一開始確認的認知，甚至能以新理解替代一開始從識體分化出的「相分」，使原本令有情確認成逼境，而產生苦受或憂受，乃至起瞋心的「相分」，替代成不苦不樂的捨受，瞋心自然也就不生了。

與意義治療學以矛盾意向替代對恐懼、焦慮的意向，使人就算面對同樣的處境，也能透過意向轉移產生不一樣的心理反應，因此能治癒因恐懼、焦慮等因素造成的「精神官能症」相比。而唯識學則以「自證分」、「證自證分」互相證成的心識能力，轉換有情對於「見分」緣取「相分」的認識，從這樣的主張出發，唯識的「心所對治」則可以比「意義治療學」更進一步從內心消除外在的症狀，由於「相分」是受到「阿賴耶識」的牽引所產生的識內顯像，故當「阿賴耶識」中所貯存的種子，因為新理解的緣故，有所改變，則有情接觸同一境時，所生現的「相分」也會因為「阿賴耶識」的緣故產生改變。

從替換意向乃至解決症狀的思考角度，可以看見《唯識三十頌》中「對治心所」的內部運作，並了解「對治心所」的環節，如何包含於《三十頌》的終極關懷中，包括與「轉依理論」、「自證理論」的結合，以及轉換感受的

〔註36〕「勝義」另分有「世間勝義」、「道理勝義」、「證得勝義」以及「勝義勝義」四種，「世間勝義」指得是破除世間五蘊、十二處、十八界等事相迷執；「道理勝義」則指明瞭四諦，並能懂得修行的殊勝之處；「證得勝義」指的是二空真如，不僅可明白人事也可明白法的空性；「勝義勝義」則是真法界，是勝義最核心且真實的理念，前面三種勝義皆是因「勝義勝義」方便說法。參見：《成唯識論》卷9（T31, no. 1585, p. 48, a17～b4）。

心識操作。透過了解「心、心所」的形成與識轉變之間的關係，可以更緊密的將「三無性」的了知，與「煩惱心所」的對治結合在一起，使人在意識到自己生起「煩惱心所」的同時，更自主的熄滅有害於生活，甚至有害於解脫的情緒、心念。如此高層次的心理轉變，才是《唯識三十頌》在「對治心所」之外，更上一層的終極關懷。

第四節　小　結

　　本章從意義治療學和《唯識三十頌》對「精神官能症」和「對治煩惱」的治療角度，彼此對照，並尋找兩者間可提供互補的部分。意義治療學的強項，在於能提出確切的方法，治療當下的身體和心理的問題，包含「失眠」、「焦慮」、「強迫症」等直接影響到大眾生活的病症。相較於此，《唯識三十頌》的煩惱對治，只提出了相對的「善心所」，在轉念之間，並沒有很多的著墨，縱使從《成唯識論》中可以看見一些對治的法門，但要執行上述的法門，必須在正確理解建立之下才有可能，而只靠理解上的轉換，對於當下的因煩惱所造成的問題，就無法及時的療癒。

　　人可能會對某些事情生「強迫」或「預期性焦慮」的反應，是因為在意識針對某一事物進行意向性作用時，因為人對於這一事物有過不好的經驗，所以潛意識就會針對此意向，給出「恐懼」或「焦慮」的感受。針對這種心理疾病的治療，意義治療以「意志自由」為基礎，創立了「矛盾意向療法」和「非反省療法，以「意向性」替代的做法，轉移人對於恐懼事物的認識，進一步「欺騙」潛意識，使其改變反應，解決「精神官能症」的症狀。解決「精神官能症」是「意義治療」的初階目的，再上一層，則希望透過當下不適的解決，使人在過程明白自己具有「意志自由」的特質，並使用其開啟「靈性潛意識」，讓「意義意志」被激發，使生命成為一追求意義的任務。但是，意義治療學雖有終極關懷的理論建構，是因描述的深度不足，故需借助海德格哲學中「本真性」、「煩」、「畏」等概念進一步說明弗蘭克的理論架構，透過「本真性」和「非本真性」的「此在」模式，可分別以「本能潛意識」為主宰與以「靈性潛意識」為主宰的生命狀態之分別，進一步了解「意義治療學」之終極關懷；透過「煩」跟「畏和怕」一體兩面的功能，進一步了解「意義治療學」如何使用「痛苦」和「死亡」，作為「意義意志」一定會落實於人

心的保證。

　　相較於「意義治療」，正是《唯識三十頌》十分在意之層層遞進的修行，因此有「唯識五位」的分類，協助眾生熄滅煩惱，甚至更進一步邁向解脫的法門，除此之外，更將煩惱之伏滅配合「轉依理論」，使有情能按部就班，從當下的障礙中慢慢撥顯出正確的價值觀和生活方式。《唯識三十頌》將煩惱之伏滅統合在理解的轉換上，而理解轉換的核心是「阿賴耶識」中的種子，種子的轉換與煩惱之生起，是一種雙向影響，當「阿賴耶」從有漏轉向無漏，有情在對境時，自然就少生煩惱，而在面對「逼境」的當下，有情若能執守善念，則能熏習現行的種子，使之轉成無漏。在對「境」時，有情如何牽引善心，使認知轉變，讓煩惱熄滅，則必須依著「感受」並配合《成唯識論》的「四分說」來講，靠著「自證分」和「證自證分」之間的互緣互證，轉換「見分」對「相分」緣取的成果，進一步熏習「阿賴耶識」中的種子，使無漏種子增加，進而能改變「相分」。在對境的當下，有情之所以能實行這一念之轉，最重要的是「受」的轉變。唯識學中有「五受」的分別，其中以「捨受」最有利於「解脫」。如果「證自證分」能夠在與「自證分」互相確認認識結果的過程中，發揮作用，讓原本產生的「苦受」結果，轉變成「捨受」則「煩惱心所」在轉換的這一當下，便能夠不再生起了。而要讓「證自證分」達到它的功用，有情必須對事物的生起有「三性」的認知，配合「受」的轉換，及修行的妙用，最終能理解「三無性」的真實境相，才能夠真正的從煩惱中超脫出來，而從「三性」的理解，轉向對「三無性」之把握，則是《唯識三十頌》對治心所的終極目標。

　　「意義治療學」以及《唯識三十頌》這兩種學說，乍看之下擁有很不相同的理念，但是藉由對比研究，筆者以為，可以從二元對立的角度，比較「心所」的「向內」及「向外」作用，和「意志」的「向內」及「向外」意向，來觀看兩者的共同關心。在對照「快樂」和「輕安」時，可以發現「意義治療學」雖以「意向性作用」，作為其療法的重心，但他對於意識的向內作用卻有著比向外更高的評價，甚至將「意志自由」，「靈性潛意識」的開啟，都算在向內作用的範圍。而對照「意義治療學」敘述人如何由「本能潛意識」為主轉換成「靈性潛意識」為主，以及《唯識三十頌》敘述有情如何由「三性」轉向「三無性」，可以看見兩者在同一念頭之兩面作用的類似描述，「意義治療學」以「此在」思維為底，認為人的生存常與「本能潛意識」和「靈性潛

意識」同在，不論何種潛意識作爲主宰，都只是生存的不同狀態，只是人具有轉換的主控權，當人不再將外物當作對象性的認識時，就可向內發掘出自我的潛能並眞正存有，進而自然的開啓靈性向度。從唯識學來看，透過「見、相、自證、證自證」的確立，讓有情明白認識外境的原理，並進一步理解「識」外萬物爲「識」造的方式，最後能以「三無性」的觀看模式，去了解周遭發生的事情，並改變自己的應對作爲，而理解「三無性」可讓有情跳脫「能、所」的對立生存方式，才能順著「唯識五位」方法，層層向上修行，最終圓滿解脫煩惱。

第六章　結　論

　　《唯識三十頌》以及「意義治療學」均對人的心理有許多描述。《唯識三十頌》秉持著解脫的目的，分析有情接觸外境時產生種種的「心所有法」，欲以理解有情分別世界的邏輯，明白地將障礙解脫的難關一一伏滅；而「意義治療學」以協助人們內求人生意義為目的，採用胡塞爾對意識的主張，分析人們在意向外在事物時的反應，並區隔「意識對象」和意識的副作用，以改變「能意」對「所意」的意向性作用，解除造成生活不便的生、心理症狀。

　　雖然本論文的焦點，在兩者對「心、心所」和「精神官能症」的處理，意即本論文關切的是：兩者如何應對影響人們當下生活的障礙，包含焦慮、憤怒、驕傲等情緒。但是，針對人接觸外境狀況時當下反應的處理，必奠基於兩者的終極關懷、各種心理功能，以及有條理的心理架構。因此在第二章及第三章中，筆者分別梳理了兩者的基本理論，並在第四章中比較了兩者的終極關懷，以及達到終極目的之必然性理論。

第一節　「心所思想」的相關問題澄清

　　對《唯識三十頌》來說，從理解「三性」到以「三無性」的觀點來觀察周遭的事物，是有情能否解脫的重要轉變，因此，「正確理解」是《三十頌》用以處理「煩惱心所」的利器，故使「勝解」心所生起，並依靠其續生「善心所」就是解除煩惱的重要工夫。從「勝解」的生起出發，可以產生幾個問題意識：

　　（一）「勝解」為什麼一定會生起，若說心所是「根、境、識」三和的緣

起結果，又外境處於虛幻變動，隨時生滅的狀況，則「勝解」應隨境相的變換忽起忽滅，不能持久，亦不能支持有情長時間擁有正解，抵抗煩惱心所的生起。

（二）「勝解」是有情擁有正確理解的開端，藉由「勝解」的生起，續生「善心所」及「別境心所」才是真正能對治「煩惱」、「隨煩惱」之落實，則從「勝解」到續生其他心所之間，心理模式如何轉換，以什麼作為轉換動力。

（三）若以「勝解」當作煩惱伏斷的開端，則證明有情一定能夠生起「勝解」，就是很重要的工作，如果有情不一定能生起「勝解」，則《唯識三十頌》針對眾生所設立的解脫理論則有不一定能實踐的漏洞。

針對以上三個問題，筆者分別從解釋《唯識三十頌》的《成唯識論》中尋找解決的理論。「識」的結構，是《唯識三十頌》很重要的理論，尤其是「阿賴耶識」的作用以及存在的價值，《成唯識論》中，亦就「阿賴耶識」詳盡的解釋，「阿賴耶識」是儲存種子的第八識，也是記錄有情所作諸業的中心，換句話說「阿賴耶識」不僅保存了多世累劫的記憶，也掌管了有情的習氣和其當下所做的每個決定，由於「阿賴耶識」儲存種子的功能，使每一次的「勝解」生起被記錄，也可在「決定境」滅去後，繼續使有情保有「勝解」，並能使其正念之力持續不斷，且在下一次接觸「決定境」時，喚起曾經記憶「勝解」的種子與之相應。如此「勝解」的生起便不是偶一為之，如曇花一現的虛幻，而能以阿賴耶收藏種子之力，使「勝解」相續而不間斷。

而針對第二個問題，筆者以為可借助「轉依」理論來解決。「轉依」是指一種身、心之基礎的轉變或轉換，意味著身、心的基礎由粗重、煩惱，轉變為輕安、清淨。心、心所法亦透過「轉依」之力生起，也是「勝解」生起，所依恃的動能。根據《成唯識論》「轉依」的「依」字，可有三種解釋，分別為「因緣依」、「增上緣依」和「等無間緣依」。這三種「依」義，將心、心所生起的動能，放在「種子」、「八識」、「前念心所」來說。「勝解」之所以能續生「善心所」是由於，前者作為後者的「前念心所」，依靠「等無間緣依」的動能牽引，使「善心所」在「勝解」生起後，可以依靠正確理解的力量，讓有情在接觸外境時，轉換內在的反應，使「善心所」接續生起。

最後一個問題，則必須放在「種子」上說。既然「阿賴耶識」中所含藏的種子，是決定有情作為的基礎，而有情能否生「勝解」也端看「種子」的內容而言。針對種子的由來，唯識學中雖有許多爭辯，但若以護法論師的看

法來說，有情自無始以來就本有「無漏種子」，意即有情的內在本就含藏了可生起「勝解」的可能性，只是有沒有將其激發出來的問題，因此，當有情接觸「決定境」時，「末那識」即會思量之，並攫取「阿賴耶識」中的「無漏種子」現行，使「六根」、「決定境」、「六識」緣合，產生「勝解」。

第二節　「意義治療學」的相關問題澄清

相對於《唯識三十頌》的「勝解」，「意義治療學」最在意的，就是人們能否找尋到自己的「人生意義」，並將生命當作完成此意義的任務來執行。在眾多的「人生意義」中，最重要的是帶領人超越苦難與死亡恐懼的「超越性意義」。「超越性意義」是指在不能改變的環境或遭遇下，由改換面對態度的方式，從當下苦痛中超越，化阻力為成長助力的態度性意義。從弗蘭克對「超越性意義」的定義中看來，也有幾個問題是必須討論：

（一）「超越性意義」必須在假設人具有自我覺醒的能力，且本性為善、懂得何謂善的狀況下乃能成立，否則，若缺乏了以上的假設，則弗蘭克並不能保證，一個人在承受苦難的狀態下，有轉變態度的可能，甚至保證轉換態度後的結果，一定是積極且正向的。則人「自我覺醒」的能力從何而來，又以什麼樣的心理樣貌存在，與「意義」尋求有什麼直接的關係。

（二）承接上面的問題，意義治療學如何保證人的內在具有先天的善，並能在遭受苦難時，激發出內在本有的善心，能與人的「自我覺醒」相應，保證險惡的環境是開啟人高尚品質的鑰匙，而非扼殺人性的負面影響。

（三）弗蘭克在說明「意義意志」時，說道「意義」是從人的內在尋求出來，而非向外，但同時又肯定尋求到的意義，可以符合世道的價值觀，至少不是反社會的作為，意即弗蘭克所言的「意義」俱有一種善的傾向，則意義治療學如何將一個人的內在，與他生處的環境相互連結，使內求的意義不會違反社會利益。

針對第一個問題，意義治療學提出了「意志自由」來應對，「意志自由」提供人存在的自我確認，透過其功能與作用，人能自由地選擇如何面對自己和世界。同時「意志自由」也讓人擁有「自我分離」的能力，包括「從外在環境中分離出自我的能力，使自己對外界保持旁觀的態度。」以及「將自己從自己分離的能力。」前一項是以態度轉換當下處境的內在動力，使人能從

苦難的環境中抽離心境，後一項則是人控制自我意向的能力。透過「意志自由」的確立，人就擁有了掌控自己身、心、靈心理功能，同時也將「意志自由」作為「自我覺醒」的媒介，使人在苦痛中，仍具有「自我覺醒」的可能。

　　延續上面說的，「自我覺醒」之後，為什麼人一定會選擇向善的問題。反對精神分析式的心理治療，是意義治療學的主張之一。弗蘭克認為，佛洛伊德對於「潛意識」的分析，只確立了「本能潛意識」這一塊，卻忽略了「靈性潛意識」的存在。但是，「靈性潛意識」才是人之所以為人的重心。他是內心地最高指導原則確保人的意志自由可以完全發揮，並作為人自由發揮「良知」和「責任感」的源頭，使「良知」和「責任感」所引發的種種作為，出自於內心的「自願」，而非超我的「制約」。弗蘭克之所以會提出「靈性潛意識」的主張，是基於心理學研究的時代潮流，當反對精神分析的人本典範興起，又人本心理學在位人的行為尋求內在動機時，遭受到研究困難的狀況下，馬斯洛等人便提出「靈性」這一心靈層次，解釋人們良善及美德的心理動因。弗蘭克進一步將靈性歸於潛意識之範疇，並以「存在分析」去尋求「良知」和「責任感」的源頭，因而追溯到了「靈性潛意識」。意義治療學以「靈性」作為確認人存在的關鍵，同時由於「責任感」和「良知」是人充分理解自己的存在之後才能展現的特質，則「充分理解存在」的這件事同時成為了「展現靈性」樞紐。如此便可以說，人的道德行為是內化於人之必然。

　　有關第三個問題，筆者以為，是弗蘭克以海德格的「此在」或稱「在世存有」之思想，作為基礎的延伸。弗蘭克在論述「意志自由」時，極強調其不可離開經驗世界的條件，甚至「意志自由」的彰顯，必要在經驗世界內證成，進一步的說，人必須深刻的投入經驗互動中，才可理解自我確認的真諦。這種融合人和外在世界，使個體自身在與外境的互動中顯現的想法，與「此在」哲學十分類似。當人的存在必須依靠著與外界互動的同時，外在的價值觀和社會對善的理解，就會在無形中成為人的經驗軌跡，並內含於發揮、開啟「靈性潛意識」之狀態，讓行使「意志自由」，促成「意義意志」的行為和結果，可以和社會跟世界相結合又不牴觸。

第三節　對話之可能性

　　縱使《唯識三十頌》和「意義治療學」在終極關懷上抱持著不一樣的態

度，但從兩者的心理分析過程，仍可看到相似之處。其中，兩者對於「自我覺知」的肯定，與相信「一念之轉」及「態度轉變」，對於個體改變對外境的反應，具有正向的力量。在《唯識三十頌》所列的心所中可以看見「思」、「欲」、「慧」這三種心所可說是思維開端的心所，在《成論》的解釋中，他們是善惡未定的，只是負責引發有情針對當下處境思考，或做出反應或抉擇。他們是心識印定善惡的前哨站，也是心識自由思考、選擇的關鍵點。當心識選擇了善法作為「思」、「欲」、「慧」的引發，他們才能有正向的業用，「善心所」也才能相應而生。

這與「意義治療學」所說的「意志自由」有點類似，他的功能彰顯在人擁有自由使用意志，決定行為及思考的能力。弗蘭克雖認為「意義」及「意義意志」為善，但是在「意志自由」這一環，則處於尚未表現出善的狀態，意志自由的去累積經驗，並引發個體汲取過往的記憶、體驗、經歷思考，而當「意志自由」與「靈性潛意識」的功能均能順利運作時，人開始追尋意義，才能夠流露出具有善之傾向的意義抉擇。

由於兩者在這部分的相似性，故進一步的，可以思考他們如何運用自覺的認同，解釋人生不可避免的「痛苦」、「死亡」，說明這些人生的限度，在人生中扮演什麼樣的角色。對意義治療學來說，「超越性意義」的體證是人超克身體、精神的可能性，也是人行使「意義意志」的最高境界，在「死」、「痛苦」和「愧疚」不可改變的壓力下，這三者以人生限度的姿態，作為人使用意義意志超克自我的基準，當人以轉換態度的方式克服限度，使「死」、「痛苦」和「愧疚」就從人生的障礙轉成助力了。這和《三十頌》列出煩惱心所與善心所相互對照，顯明勝義、俗義之分，再以個人內在覺醒的選擇能力，論證從俗入勝的可能，並同時顯示出善法的殊勝有一定的相似度。

但是，在唯識的說法裡，並不講求超越性，反而強調以真實的理解，體悟煩惱本身不具本質的和合狀態，使執著自然消解，煩惱自然也會因為沒有外緣的依靠而不再生起。以這種形式來伏斷煩惱，心識能否生起真實理解就會跟能否解脫直接相關，因此「勝解」心所的持續生起，是有情消解煩惱，常欲善性相應的關鍵。當「勝解」以「念」、「定」、「慧」之力續生不斷，有情就能明白「痛苦」、「死亡」亦是生滅現象，而在面對「痛苦」的出現和「死亡」的恐懼時，可以不生煩惱心所。本研究便立基在兩者對「自覺」的肯定，探求他們的終極關懷，再由終極關懷，回頭觀望這兩個學說的同、異之處。

第四節　對比研究的結果

在研究的過程中，筆者將對比的重點放在治療方法的操作理論，以及在俗世的治療之外，他們所期許自我提升為何。首先，「意義治療學」將胡塞爾對意識的描述當作基礎，主張可以「矛盾意向」替代對恐懼、焦慮的意向，轉移潛意識對認識結果的反應，來治癒障礙生活的「精神官能症」；而唯識學則立基於「真實理解」之上，透過「證自證分」與「自證分」的互緣互證，轉變「見分」緣取「相分」的認識結果，來對治煩惱心所的生起。這兩種不同的治療體系，均在意識的意向性上做文章。唯識的意向轉移方法，是以正解為基礎，在「見分」緣取「相分」後，以「證自證分」的自省功能，轉換「自證分」對於結果之呈現。而意義治療學，是在「能意」意向「所意」後，以「意志自由」的功能，轉換「潛意識」針對「認識結果」做出的反應之意向轉移法。然而，意義治療學的療法原則是混淆潛意識對認識結果的反應，進而使患者的症狀消失，但是「能意」意向「所意」的結果並沒有改變。但因唯識學立基於「真實理解」的治療，因此唯識學所轉變的重點，在於「見分」緣取「相分」之後，由「自證分」所確認的認識結果，在「自證分」確認了結果後，「證自證分」會與其互證，經由相互的確認，改變認識的結果，自然也會改變有情對於認識結果的反應。從這個角度看，唯識學更根本的除去了身心症狀的病因。

進一步的，從兩者寄託在治療上的自我提升主張來對比，筆者從「二元對立」和「心識的向內作用」兩種角度，來敘述兩種學說的異同。先講「二元對立」，唯識學說有情必須看透「見、相」二分是依人的分別心而起，而非真實的對象性認識，才能夠從「能、所對立」的狀態中解脫。而「意義治療學」以海德格的「此在」，以及「本真性」和「非本真性」的區分，作為治療學說的背景。「非本真的常人」和「本真性的此在」最大的差別在前者以為世界是一個對象性的存有，但後者卻能將自身與世界相容生活，當人能夠與世界相容，才是真正的「在世存有」。當人能真正的在此之中存有，才能夠彰顯「靈性潛意識」，也才是「意義治療學」所謂的：以追尋意義做為人生任務之統合身、心、靈的人。

再說「心識的向內作用」，這一方面，筆者透過心所中的「輕安」和意義治療學的「快樂」作對比。雖然弗蘭克對「快樂」的評價偏負面，而且也未對「快樂是否對意義追求具有增上作用」著墨。在對比過程中，筆者以為，

不論是「輕安」還是「快樂」都對兩種學說的終極目標有正向影響。「輕安」是在正確的理解下才會出現的心所，有情沒有辦法直接對「外緣」意向就使「輕安」生起，必須因正解，並依正解修行、處世，才能使心充滿喜悅、平穩。而「快樂」是追求意義後才會有的副效益，並非可以向外意向的對象，而促使人追求意義的「意義意志」是從「靈性潛意識」出發，並由「意志自由」協助促成的，換句話說，追求意志的慾望是由內心發出，透過這個內在的求取，「快樂」才有可能產生，亦即「快樂」之獲得，也必須回歸內心。

第五節　研究的局限與展望

本研究最大的局限，在於《唯識三十頌》和「意義治療學」對於「存在」的看法不同。縱使筆者採用的注釋為「有相唯識」一派，但就算是「有相唯識」，在勝義諦上仍要回歸「無相」。意即，不論何種派別，總不能離開「四諦」、「三法印」來建立理論，因此，對《唯識三十頌》來說，不論是「心識」還是「外物」都是由緣起而生、緣滅而盡，不會有恆常不斷的真理，更不會有恆常不變的外物。但是對「意義治療學」來說，縱使弗蘭克採用了胡塞爾的意識理論，但由他重視經驗軌跡的說法看來，意義治療學並沒有否定外物的存在，亦不承認「意識」有創造外物能力，反而主張潛意識中有一個與生俱來、不受牽制的「靈性潛意識」。「靈性潛意識」不僅可以當作保證人為善的先驗存在，人亦可由「靈性潛意識」證明自己的實存，相對於唯識學的基本主張，「靈性潛意識」為一種恆久不變且獨立不改，具有主體的事物。

由於佛學和心理學的根本目標不同，使得筆者在以《唯識三十頌》和「意義治療學」對照時，不敢隨意逾越「心所有法」以外的範圍。故只能集中在「矛盾意向療法」和「非反省療法」的運作原理，與「煩惱心所」的對治。也必須一直強調兩者終極關懷的差異，唯恐將兩者的「世界觀」和「存在理論」同化，不僅有害佛學「諸法無我」的基本立場，也扭曲了「意義治療學」的根本學說。因此在兩者的對話上不免綁手綁腳，也特別的小心。

然而，從治療的角度出發，在解決當下的心理問題、情緒障礙，對比「意義治療學」和唯識學所提供的方法，卻不失為可以操作的模式。尤其是「意識」的作用這一層面。雖然這種針對心物關係的討論，只能算是唯識學解脫理論的淺層，但卻是直接反應在人們生活上的問題，也關乎到生活的順遂，

以及理解層次的提昇。

本研究中，筆者以「心所對治」作爲與「意義治療學」對比的重點，並且配合兩者的「認識理論」，來確認其治療方式可以在他們的內部理論裡得到驗證，且有實踐的可能性。其實這樣的對比，不僅可協助梳理「意義治療學」的治療方式之心理運作，更爲筆者關心的是，可確認「心所對治」與唯識的認識理論如何契合，透過理論間的建構，進一步可將，《唯識三十頌》對「心所有法」的分析，落實到日常生活的心理治療。使佛學對有情的幫助，不僅止在生死問題、終極關懷，或是世界觀的理解，更能在平時就提供有情解決當下煩惱，亦能杜絕煩惱的蔓延以及續生。

從治療的觀點來說，「情緒治療」、「情緒管理」是當今社會的重要議題。雖說西方心理學，可以較有方法理論地將控制情緒、安撫心理的步驟。但是佛學的思維，卻能夠將情緒反應，與生命高層次的理解綰合。使情緒的治療，不僅在表面的症狀緩解，而是一種身心整體的生命圓融，從思維上根本地轉換生命情調。只是這樣較高遠的治療角度，如何逐步說服生在塵世當中的有情，尤其是習慣邏輯思考的人們有實踐的可能，並使人執持「信」的力量，從「緣起」的角度看待這個世界，與當下的反應，是比較困難的部分，卻也是可以積極經營的層次。

以佛教思維建立其專屬的治療學，是這類研究的未來展望，以筆者的觀點來看，建立有系統且能實際操作的治療學，其實也是唯識學的長處，雖然唯識學的名相眾多，針對某一個心識反應，又多有個家解釋，並且非常細緻的步驟、種類分析，但是這些文本和紀錄，都不失爲建立佛教治療學的堅實後盾，可提供給治療步驟的建立很豐富的靈感汲取。因此，本研究從「煩惱」、「隨煩惱」心所的對治出發，雖只是很淺層的企圖，但也是一種建立治療學的嘗試。筆者欲對比《唯識三十頌》的心所思想，與「意義治療學」的心理治療之，試圖爲佛教的治療學進一點建設的嘗試，並爲將來的研究方向做基礎性的工作。

參考資料

一、古典文獻（依冊次）

1. 〔唐〕玄奘譯《解深密經》，《大正藏》第 16 冊。
2. 〔唐〕玄奘譯《阿毘達磨大毘婆沙論》，《大正藏》第 27 冊。
3. 〔唐〕玄奘譯《阿毘達磨俱舍論》，《大正藏》第 29 冊。
4. 〔唐〕玄奘譯《瑜伽師地論》，《大正藏》第 30 冊。
5. 〔唐〕玄奘譯《唯識三十頌》，《大正藏》第 31 冊。
6. 〔唐〕玄奘譯《成唯識論》，《大正藏》第 31 冊。
7. 〔姚秦〕鳩摩羅什譯《成實論》，《大正藏》第 32 冊。
8. 〔唐〕窺基撰《成唯識論述記》，《大正藏》第 43 冊。

二、近人研究（依年份）

（一）中文專書

佛學研究類

1. 移喜・嘉措著，鄭財和譯：《心所：佛教心理學介紹》，臺北市：祇園圖書出版社，1978 年。
2. 釋演培：《成唯識論講記》，新加坡：靈峰般若講堂，1978 年。
3. 霍韜晦：《安慧「三十唯識釋」原典譯注》，香港：中文大學出版社，1980 年。
4. 張曼濤主編：《唯識典籍研究》，臺北市：大乘文化，1981。
5. 木村泰賢：《原始佛教思想論》，木村泰賢全集第三卷，東京：大法輪閣，1982 年。

6. 楊白衣：《唯識要義》，臺北：文津出版社，1988 年。

7. 釋印順：《唯識學探源》，臺北：正聞出版社，1992 年。

8. 釋印順：《佛教史地考論》，妙雲集下編之九，臺北市：正聞出版社，1992 年。

9. 韓廷傑：《唯識學概論》，臺北：文津出版社，1993 年。

10. 熊十力：《佛家名相通釋》，臺北：明文書局，1994 年 8 月。

11. 慈航：《成唯識論講話》，收於《慈航法師全集》，新北市：彌勒內院，1996 年。

12. 韓廷傑：《成唯識論》，高雄：佛光文化事業，1997 年。

13. 于凌波：《唯識名相新釋》，臺北：新文豐出版，1997 年。

14. 釋印順：《印度佛教思想史》，新竹：正聞出版社，1988 年

15. 季羨林：《季羨林集》，北京：中國社會科學院出版，2000 年。

16. 吳汝鈞：《唯識現象學 1：世親與護法》，臺北：臺灣學生書局，2002 年。

17. 吳汝鈞：《唯識現象學 2：安慧》，臺北：臺灣學生書局，2002 年。

18. 橫山紘一著，許洋主譯：《唯識思想入門》，臺北市：東大圖書，2002 年。

19. 上田義文著，陳一標譯：《大乘佛教思想》，臺北市：東大圖書，2002 年。

20. 尹立著：《精神分析與佛學的比較研究》，成都：巴蜀書社，2003 年 10 月。

21. 呂澂：《印度佛學源流略論》，新北市：大千出版社，2008 年二版。

22. 李潤生：《唯識三十頌導讀》，新北市：全佛文化，2011 年 11 月修訂一版。

23. 陳兵：《佛教心理學》，高雄：佛光文化，2012 年 3 月。

24. 木村泰賢著，演培法師譯：《小乘佛教思想論》，貴州：貴州大學出版社，2013 年 12 月。

25. 吳汝鈞：《早期印度佛教的知識論》，臺北市：學生書局，2014 年 4 月初版。

心理學相關書籍

1. 弗蘭克著，黃宗仁譯：《從存在主義到精神分析》，臺北市：杏文出版社，1977 年 5 月初版。

2. Viktor E. Frankl 著，趙可式、沈錦惠合譯：《活出意義來——從集中營說到存在主義》，臺北市：光啓出版社，1983 年初版，1989 年五版。

3. 維克多‧弗蘭克（Viktor Frankl）著，游恆山譯：《生存的理由——與心靈對話的意義治療學》，臺北市：遠流出版社，1991 年。

4. Edmund Husserl 著，李幼蒸譯：《純粹現象學通論》，北京：商務印書館，1992 年初版。

5. Daniel Goleman 著，李孟浩譯：《情緒療癒》，新北市：立緒文化，1998 年 7 月。

6. 李安德著，若水譯：《超個人心理學——心理學的新典範》，臺北市：桂冠圖書，1992 年初版，2009 年修訂五刷。

7. Victor Frankl 著，呂以榮、李雪媛、柯乃瑜譯：《向生命說 Yes》（香港新界：啟示出版社，2009 年 6 月。）

8. Jack Kornfield 著，曾麗文譯：《心靈幽徑》，臺北市：幼獅文化事業，1995 年初版。

9. Daniel Goleman 著，李孟浩譯：《情緒療癒》，新北市：立緒文化，1998 年 7 月。

10. 劉翔平：《尋找生命的意義——弗蘭克的意義治療學說》，臺北市：貓頭鷹出版，城邦文化發行，2001 年。

11. 余德慧：《詮釋現象心理學》，新北市：心靈工坊文化事業股份有限公司，2001 年。

12. Viktor E. Frankl 著，鄭納無譯：《意義的呼喚》，臺北市：心靈工坊，2002 年。

13. Gerald Corey 著，鄭玄藏等譯：《諮商與心理治療》，臺北市：雙葉書廊，2002 年 7 月。

14. 河合隼雄著，鄭福明、王求是譯：《佛教與心理治療藝術》，臺北市：心靈工坊文化，2004 年 10 月。

15. 喬‧卡巴金著，胡君梅譯《正念療癒力》，新北市：野人文化出版社，2013 年 11 月。

16. 辜琮瑜：《生死學中學生死》，臺北市：法鼓文化，2010 年 7 月。

17. Richard J. Davidson、Sharon Begley 著，洪蘭譯：《情緒大腦的秘密檔案》，臺北市：遠流文化出版社，2013 年。

18. 余德慧：《宗教療癒與生命超越經驗》，臺北市：心靈工坊文化，2014 年 9 月。

哲學思想類

1. 海德格著，陳嘉映、王慶節譯：《存在與時間》，臺北市，唐山出版社，1989 年。

2. 傅偉勳：《批判的繼承與創造的發展》，臺北：東大圖書，1986 年。

3. Edmund Husserl 著，倪梁康譯《邏輯研究第一卷——純粹邏輯學導引》，

臺北市：時報出版社，1994 年。

4. Edmund Husserl 著，倪梁康譯《邏輯研究第二卷——現象學與認識論研究》，臺北市：時報出版社，1999 年。

5. 那薇：《道家與海德格爾相互詮釋》，北京：商務印書館，2004 年。

6. 吳汝鈞：《胡塞爾現象學解析》臺北：臺灣商務印書館，2011 年。

學位論文

1. 徐典正：《唯識三十頌研究：成唯識論之阿賴耶識探討》，文化大學印度文化研究所碩士論文，1986 年。

2. 陳淑螢：《唯識學識變論初探：以《唯識三十頌》爲中心》臺灣大學哲學研究所碩士論文，1989 年。

3. 陳一標：《賴耶緣起與三性思想》文化大學哲學研究所博士論文，2000 年。

4. 王信宜：《榮格心理學與佛教相應觀念之研究》，國立中山大學中國文學系碩士畢業論文，2002 年。

5. 陳瑞熏：《從「意義治療」觀點論「普賢行」之意涵——以善財童子五十三參爲主》，華梵大學東方人文思想所碩士論文，2004 年。

6. 邱雅萍：《宗教心理治療暨意義治療對精神官能症效應之研究》，佛光大學宗教學系碩士論文，2004 年。

7. 白聰勇：《唯識學與心理學有關潛意識分析之比較》，玄奘大學宗教學研究所碩士論文，2008 年。

8. 林彥宏：《大佛頂首楞嚴經生命治療觀之研究》，東華大學中國語文學系博士論文，2013 年。

9. 趙東明：《轉依理論研究——以《成唯識論》及窺基《成唯識論述記》爲中心》，國立臺灣大學哲學系博士論文，2011 年 8 月。

單篇論文

1. 雨雲：〈唯識學上之種子義〉收於《現代佛教學術叢刊》第 25 冊，臺北市：大乘文化出版社，1978 年 11 月初版，頁 66～72。

2. 蔡瑞霖：〈世親「識轉變」與胡塞爾「建構性」的對比研究〉，《國際佛學研究》創刊號，臺北：國際佛學研究中心，1991 年 12 月。

3. 張慶熊：〈唯識三十頌〉《鵝湖月刊》，新北市：鵝湖月刊社，1995 年 3 月，頁 21～26。

4. 林安梧：〈邁向佛家行般若治療學的建立——以《金剛般若波羅蜜經》爲

核心展開〉,《中國宗教與意義治療》,臺北：文海基金會出版,1996 年,頁 177～210。

5. 陳宗元：〈陳那唯識理論的初探——以《集量論 Prama. nasamuccaya · 現量章》爲中心〉《法光學壇》第一期,臺北市：法光佛教文化研究所,1997年,頁 102～118。

6. 曹志成：〈護法——玄奘一系與安慧一系對識轉變之解釋的比較研究〉,《圓光佛學學報》第二期,中壢：圓光出版社發行,1997 年 10 月,頁 81～90。

7. 霍韜晦：〈唯識三十頌三譯對照〉《內明雜誌》第 104 期,香港：內明雜誌社 1980 年 11 月,頁 26～29。

8. 林鎮國：〈「唯識無境」的現代爭論〉《空性與現代性》,新北市：立緒文化,1999 年,頁 231～245。

9. 陳一標：〈有關阿賴耶識語義的變遷〉,《圓光佛學學報》第四期,中壢：圓光出版社 1999 年 12 月,頁 75～106。

10. 蔡瑞霖：〈因明與比量——關於兩論的現象學考察〉,《法光學壇》第三期,臺北市：法光佛教文化研究所,1999 年,頁 72～90。

11. 吳汝鈞：〈安慧識轉變思想的哲學詮釋〉,《正觀雜誌》第 18 期,南投：圓光佛學院,2001 年 9 月。頁 4～42。

12. 賴賢宗：〈「轉依」二義之研究〉,《中華佛學學報》第 15 期,臺北：中華佛學研究所,2002 年,頁 93～113。

13. 張祥龍：〈「Dasein」的含義與譯名（「緣在」）——理解海德格爾《存在與時間》的線索〉,《普門學報》第 7 期,高雄：普門學報社出版,2002 年 1 月,頁 93～117。

14. 賴賢宗：〈空性智慧、佛教意義治療學與佛教詮釋學的治療學〉《普門學報》第 13 期,高雄：普門學報社出版,2003 年 1 月,頁 105～134。

15. 釋慧仁：〈關於玄奘大師《唯識三十頌》翻譯問題之辨析〉,《法音》,北京：中國佛教會,2003 年 1 月。

16. 林國良：〈唯識學認知理理的現代心理學解析〉,《普門學報》第 18 期,高雄：普門學報社出版,2003 年 11 月,頁 79～98。

17. 林崇安：〈佛教心理學的實踐面〉,《林崇安佛學論文選集》,中壢市：內觀教育基金會,2004 年,頁 256～263。

18. 蔡伯郎：〈佛教心心所與現代心理學〉,《中華佛學學報》第 19 輯,臺北：中華佛學研究所,2006 年,頁 325～349。

19. 陳一標：〈唯識學「行相」之研究〉《正觀雜誌》第 43 期,南投：正觀雜誌社,2007 年,頁 6～21。

20. 劉宇光：〈佛教唯識宗「煩惱」的基本性質——心理學概念與倫理學概念

之辨〉,《復旦哲學評論》第 4 輯，上海人民出版社 2008 年，頁 164～203。

21. 李德材：〈海德格《存有與時間》與生命教育之哲學基礎初探──以本真性和非本真性存在爲核心之探討〉,《止善》第 4 期，臺中：朝陽科技大學通識教育中心，2008 年 6 月，頁 145～173。

22. 趙東明〈「轉依」理論探析──以《成唯識論》及窺基《成唯識論述記》爲中心〉《玄奘佛學研究》第 11 期，新竹：玄奘大學宗教學研究所，2009 年 3 月，頁 1～54。

23. 吳汝均：〈陳那的知識論研究〉《正觀雜誌》第四十九期（南投：圓光佛學院，2009 年 6 月。）頁 56～135。

24. 茅宇凡：〈唯識學「自證」（svasa□vitti）理論之研究──以《成唯識論》爲中心〉《中華佛學研究》第 11 期，新北市：中華佛學研究所，2010 年 12 月，頁 141～169。

25. 林鎮國：〈解釋與解脫：論《解深密經》的詮釋學性格〉《空性與方法：跨文化佛教哲學十四論》，臺北市：政大出版社，2012 年，頁 33～45。

26. 吳汝鈞〈《唯識三十頌》與《成唯識論》的阿賴耶思想〉,《正觀》第六十期，南投：正觀出版社，2012 年 3 月，頁 80～158。

27. 林薰香：〈論《存有與時間》的良知現象〉,《揭諦》第 28 期，嘉義：南華大學哲學與生命教育學系，2015 年 1 月，頁 39～94。

（二）外文資料

專書著作
英文

1. Stefan Anacker, *Seven Works of Vasubandhu*, Delhi: Motilal Banarsidass, 1986, p.181～190。

2. David J. Kalupahana, *The Principle of Buddhist Psychology*, New York：State University of New York, 1987, p.173～214.

3. Thomas A. Kochumuttom: *A Buddhist Doctrine of Experience*, Delhi: Motilal Banarsidass1989. pp. 254～259.

4. David J. Kalupahana, *The Principle of Buddhist Psychology*, New York：State University of New York, 1987, p.173～214.

5. Viktor Frankl, *Recollections: An Autobiography*, New York: Perseus book Publishing. 1997.

6. Victor Frankl, *Logotherapie und Existenzanalyse*, Weinheim: Neuauflage Psychologie Verlags Union, 1998.

7. Viktor Frankl, *Man's search for ultimate meaning*, New York: Perseus Book

publishing. 2000.

8. Viktor Frankl, *The Unheard Cry for Meaning Psychotherapy*, New York: Washington Square Press/Pocket Books, 1985.

9. Viktor Frankl, *Psychotherapy and Existentialism: Selected Papers on Logotherapy*, New York: Simon & Schuster, 1967.

10. Viktor Frankl, *The Unconscious God*, New York: Washington Square Press/Pocket Books, 1985.

11. Viktor E. Frankl, *The Doctor and the Soul: From Psychotherapy to Logotherapy*, London: Souvenir, 2004.

12. Viktor Frankl, *On the Theory and Therapy of Mental Disorders: An Introduction to Logotherapy and Existential Analysis*, New York: Routledge, 2004.

13 Aronson, Harvey B, *Buddhist practice on Western ground: reconciling Eastern ideals and Western psychology*, Boston: Shambhala, 2004.

14. Rubin, Jeffrey B., *Psychotherapy and Buddhism: toward an integration*, New York: Plenum Press, c1996.

15. Viktor Frankl, *The Will to Meaning: Foundations and Applications of Logotherapy*, New York: New American Library, 2014.

日文

1. 舟橋尚哉：《初期唯識思想の研究：その成立過程をめぐって》，東京：國書刊行會，1976 年。

2. 長尾雅人：《中觀と唯識》，東京：岩波書店，1978 年。

3. 上田義文：《梵文唯識三十頌の解明》，東京：第三文明社，1987 年。

4. 佐佐木現順：《佛教心理學の研究》，東京：日本學術振興會，1960 年。

5. 勝又俊教：《佛教における心識説の研究》，東京：山喜房佛書林，1974 年。

6. 宇井伯壽：《安慧護法唯識三十頌釋論》，東京：岩波書店，1990 年。

7. 深浦正文：《唯識論解説》，京都：龍谷大學出版部，1934 年。

8. 渡邊隆生：《唯識三十頌の解讀研究》，京都：永田文昌堂，1995 年。

9. 寺本婉雅：《梵藏漢和四譯對照唯識三十論疏》，東京都：国書刊行会，1977 年。

10. 荒木典俊譯：《唯識三十論釋》收於《世親論集》，東京都：中央公論新社，2005 年。

單篇論文
英文

1. Abraham H. Maslow, "The farther research of Human Nature," Journal of Transpersonal Psychology. 1（1969）, pp1～9.

2. Joseph B. Fabry. "Logotherapy and Eastern Religion ". Journal of Religion and Health.（1975）, pp.271～276.

3. David N. Elkins, L. James Hedstrom, Lori L. Hughes, J. Andrew Leaf and Cheryl Saunders, "Toward a humanistic-phenomenological spirituality: Definition, Description, and Measurement," Journal of Humanistic Psychology 28:5〔1988〕, pp.5～18.

4. Paul Ekman, Richard J. Davidson, Matthieu Ricard, B. Alan Wallace. "Buddhist and Psychological Perspectives on Emotion and Well-Being" Current Directions in Psychokogical Science., 14～2（April, 2005）, pp.59～63.

5. Paul F. Cunningham, "The Challenges, Prospects, and Promise of Transpersonal psychology," Journal of Transpersonal Psychology. 26〔2007〕, pp.41～55.

日文

1. 水野弘元：〈心‧心所思想の發生過程について〉、〈心‧心所に関するう有部‧経部等の論争〉,《仏教教理研究——水野弘元著作選集第二卷》,東京都：春秋社,1997,頁 247～262。

2. 水野弘元：〈心‧心所に関するう有部‧経部等の論争〉,《仏教教理研究——水野弘元著作選集第二卷》,東京都：春秋社,1997,頁 263～300。

謝　詞

　　四年攻讀碩士的時間看似很長，實際上一眨眼就過去了。這段日子，雖遭遇了不少挫折，但卻收穫了更多感動。從原本絲毫不懂事的門外漢，在因緣際會下踏入佛學這個領域，最要感謝幸玲老師包容我每一個不專業的問題，義不容辭地在工作繁忙中，抽出大把時間陪我修改論文，耐心地解說唯識學、心理學、詮釋學這些難以自學的領域，不僅豐富我的眼界，亦使我了解學習的喜悅。除了指導教授以外，給我最多支持、關懷的便是我的家人和表姊、表弟了，能夠順利完成這本論文，他們應算是幕後大功臣，在經濟支援外，還必須忍受我趕截稿時的怪脾氣，並在火燒眉毛時，空出一整天替我校稿。

　　這幾年中，除了完成碩論，還交到了不少朋友，遇見許多貴人。包含一起讀書的政修、倚郡；一起聊天出遊的宸安、欣旻；一起修習教程、實習，同甘共苦的夥伴；共同修課、討論報告的同學、學長姊、學弟妹。此外，願意包容我的粗心大意，讓我能學習助理職務，能自食其力，完成夢想旅行的敬家老師、麗桂老師；在國文系的本科之外，將西哲、方法論、宗教學介紹給我的滄龍老師、淑君老師和聰輝老師；在碩論口考時指出論文中的錯誤及不足的開府老師、伯郎老師，無一不是碩士生涯中，讓我難以忘懷的人。

　　研讀唯識和心理學，翻新了我以往的認知，開展視野和心胸，雖偶有沉鬱，但每有所得，總是十分興奮。每個讀書的日子，都好似行走在重重疊疊的瀑布中，透過飛竄水柱觀看世界，透過轟然巨響聆聽自然。四方廣闊，時而白練如洗，時而七彩炫目，時而嘈雜凌亂，時而濺濺淙淙。或許我還不夠靜心，因此不能在學問的流裡從容自得，反而時常驚訝於每一道獨特風景，

也願在大千世界中品嘗每一種思緒。衷心感謝每一個曾引領、幫助、關心過
我的人，因為你們的好心，才讓我能擁有這麼多精彩的體會。